要点マスター!

就活
マナー

美土路 雅子 著

マイナビ

目 次

MEMO

PART 1

身だしなみ&持ち物編

「身だしなみ」は、あなたから採用担当者への
「無言のメッセージ」になります。
「清潔感・健康的・機能的」の3要素を
ここでしっかりとチェックしましょう。

1-1

身だしなみをチェックしよう

CHECK! 1 「身だしなみ」はあなたからの「無言のメッセージ」

「身だしなみ」とは、「身のまわりについての心がけ。頭髪や衣服などを整え、言葉や態度をきちんとすること」(『広辞苑』より)。身だしなみは、あなたから企業への「この機会を大切に考えています」という無言のメッセージとして伝わります。身だしなみは、あなたの意識の表れなのです。事前に鏡でしっかりと確認をして臨みましょう。

CHECK! 2 就活の「身だしなみ3要素」

就活の身だしなみ3要素は、清潔感・健康的・機能的であること。この3要素を意識して、自分らしさを演出し、好印象を与えるようにしましょう。

CHECK! 3 身だしなみをチェックしよう

☐ ヘアスタイル

・長髪、寝ぐせはNG！　清潔感が重要
・髪の毛をあまりツンツン立て過ぎるのもビジネスシーンでは避けたほうがよい
・揉み上げが耳にかかるのも避ける
・襟足も清潔に！

OK
清潔が第一！

NG
ツンツン立て過ぎ

NG
襟足も長過ぎ

・髪の色は地毛に近い色のほうがビジネスシーンでは浮かない
・前髪もうっとうしくないようにして、額や眉毛を出すと明るい印象に
・長い髪はおじぎをしたときなどに顔にかからないようにすっきりと束ねる

OK
長い髪は束ねてスッキリと

NG
表情がはっきり見えるように

☐ 顔

・ヒゲはきちんと剃る。剃り残しはNG
・細過ぎる眉毛も避けたほうがよい

メガネもビジネスシーンに
ふさわしいものを

・健康的で自然なメイク
・目元を黒く強調し過ぎるメイクには特に注意！
・細過ぎる眉毛も避けたほうがよい

□ スーツ

・体型に合っていることが大前提。店員さんに相談して購入するとよい
・黒・紺のような落ち着いた色のものが一般的
・スーツを着用する前には、シワ、ほつれ、汚れがないか、しつけ糸は取ってあるかを必ずチェックする
・ズボンの折り目がしっかりとついていること
・上着、ワイシャツともにシワがなく、清潔である
・特にワイシャツは体に直接触れる袖、襟の汚れに注意する
・襟元からTシャツなどが見えるのはNG！　中に着る場合は白がよい

襟元はだらしなく見えないように注意しよう。Tシャツなど見えないように

・体型に合っていることが大前提。店員さんに相談して購入するとよい
・黒・紺のような落ち着いた色のものが一般的
・スーツを着用する前には、シワ、ほつれ、汚れがないか、しつけ糸は取ってあるかを必ずチェックする
・シワ、スカートの裾やスリットのほつれに注意！
・スカート丈は座ったとき、ひざにかかるくらい
・パンツスーツの折り目がきちんとついていること

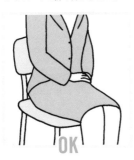

スカート丈は座った時にひざにかかるくらい

□ ネクタイ

・派手ではないシンプルなものを選ぶ
・ワイシャツ、スーツの色と合わせる
・曲がり、緩み、長さに注意

ネクタイの状態は事前に
しっかりとチェックしよう

▶ ネクタイの結び方

基本的なネクタイの締め方として、プレーンノット、セミウインザーノットの2
種類を覚えておこう。このネクタイの締め方の違いで顔の印象がガラッと変わる
ので、自分に合ったネクタイの色や柄を選ぶことはもちろん、シャツの襟の形と
相性のいい締め方をマスターしておくことがポイント。

●プレーンノット

小さくて細い結び目がスマートな印象を与えるプレーンノット。レギュラーカラーに最適で就活スタイルには◎。

1
大剣を小剣の上からクロスさせる

2
大剣を小剣に巻きつける

3
大剣をループの下から上へ通す

4
表地のすぐ内側に大剣を通す

5
結び目の形を整えて完成

●セミウインザーノット

一般的に利用されるスタイル。結び目もほどよい大きさなので、レギュラーカラーをはじめ、多くのシャツに似合う。

1

大剣を小剣の上からクロスさせる

2

大剣を小剣の後ろ側に通す

3

大剣を左から右へ回す

4

大剣を下からループに通し上へ

5

表地のすぐ内側に大剣を通す

6

結び目の形を整えて完成

□ 時計・メガネ・アクセサリー

・メガネは綺麗に拭いたものをかけるようにする
・時計は派手過ぎないシンプルなもので、分単位で時間がわかる機能的なものを選ぶ
・アクセサリーは基本的にはつけないほうがよい

□ 爪

・伸びた爪、汚れた爪はNG！　清潔にしておこう
・長過ぎる爪、付け爪はNG
・マニキュアを塗るなら自然な色のものを（薄いピンクやクリアなど）

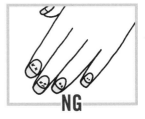

☐ かばん

・スーツと合った色（黒がおすすめ）
・A4サイズの書類を折らずに入れられるものが便利
・床に置くことが多いので、置いたときに立つものがベター
・ひと目でそれとわかるブランドものは避けたほうがよい
・機能的で、スーツに合うことが大前提。高価なものである必要はない

OK

床に置いた時に立つものが良い

□ 靴と靴下・ストッキング

・靴はピカピカに磨かれていること
・かかとの磨り減りにも注意
・靴下はスーツに合うダークカラー（白はNG。イスに腰かけたときに、見えてしまう）
・靴のタイプはプレーントゥ

靴下は白はさけよう

・靴はピカピカに磨かれていること
・かかと、ヒールの磨り減りにも注意
・ビジネスの場なので、素足ではなく、ストッキングをはくようにする
・ストッキングの色は自分の肌の色に近いナチュラルカラーを選ぼう
・破れに備えて、予備を持っておくと安心

身だしなみチェックリスト

ヘアスタイル	長髪、茶髪ではなく、清潔感がある	☐
	寝ぐせがない。ボサボサ、ツンツンではない	☐
	揉み上げが耳にかかっていない	☐
	襟足が長過ぎず、清潔に保たれている	☐
顔 ※メガネをかける場合は、綺麗に拭いたものを。	ヒゲはきちんと剃り、剃り残しがない	☐
	眉毛は細過ぎない	☐
爪	伸び過ぎてなく、清潔に保たれている	☐
スーツ ※スーツ選びではお店の人に見てもらい自分に合うものを選ぶ。	自分の体型に合っている（ズボンが長過ぎない、短過ぎない、肩幅が合っている）	☐
	ズボンはプレスされ、折り目がしっかりとついている	☐
	上着、ワイシャツともにシワがなく、清潔である	☐
	襟元からTシャツなどが見えていない	☐
ネクタイ ※定番の単色、ストライプ柄、ドット柄、チェック柄がおすすめ。4〜5本あるとよい。	派手ではなく、シンプルな印象である	☐
	ワイシャツ、スーツの色と合っている	☐
	曲がっていない。緩んでいない	☐
かばん ※床に置いても倒れない「自立タイプ」がおすすめ。	スーツと合った色である（黒がおすすめ）	☐
	A4サイズの書類が折らずに入る	☐
靴下・靴 ※白い靴下、カラーソックスなどはNG。	靴下はスーツに合うダークカラーである	☐
	靴のタイプはプレーントゥである	☐
	靴はピカピカに磨かれている	☐

身だしなみチェックリスト

ヘアスタイル ※顔（表情）がしっかり見えるほうが好印象。	茶髪ではなく、地毛に近い自然な色である	☐
	前髪が額を覆い過ぎず、顔をしっかり出している	☐
	長い髪は束ねている	☐
顔 ※メガネをかける場合は、綺麗に拭いたものを。	厚化粧ではない	☐
	眉毛は細過ぎない	☐
	目元を黒く強調し過ぎるメイクではない	☐
爪	爪は長過ぎない	☐
	濃い色のマニキュアをつけていない。ネイルアートをしていない	☐
スーツ ※スーツ選びではお店の人に見てもらい自分に合うものを選ぶ。	自分の体型に合っている（パンツ、スカートが長過ぎない、短過ぎない、肩幅が合っている）	☐
	シワになっていない	☐
	スカートの裾がほつれていない	☐
	スリットが切れていない	☐
アクセサリー ※イヤリング、ピアスなどはNG。	時計はスーツに合っているシンプルなデザインである	☐
	指輪はつけていない	☐
かばん ※床に置いても倒れない「自立タイプ」がおすすめ。	スーツと合った色である（黒などがおすすめ）	☐
	A4サイズの書類が折らずに入る	☐
ストッキング・靴 ※パンプスのヒールは、3〜5cmのものが足さばきが綺麗に見える。	ストッキングは自分の肌の色に近いナチュラルカラーである	☐
	靴はピカピカに磨かれている	☐
	パンプスはストラップのないプレーンパンプスがよい	☐

1-2

持ち物をチェックしよう

CHECK! 1 就活用のかばんとは

必要なときに、必要なものをさっと取り出すことのできるかばんが理想的。OK例とNG例をチェックしましょう。

OK → スーツと合った色（黒がおすすめ）
OK → A4サイズの書類が折らずに入る
OK → 置いたときに立つものがベター
OK → ひと目でそれとわかるブランドものは避けたほうがよい
NG → 持ち物を入れ過ぎて、膨らんでいる
NG → いざというときに、必要なものがなかなか取り出せない
NG → 中に入れた書類がクシャクシャ状態

CHECK! 2 持ち物「必需品」リスト

☐ 会場地図

不案内な場所は、意外と迷うことも。手元にあれば安心

☐ 会社案内※

事前に送付された場合は、持っていきたい

☐ エントリーシート※

会場で提出する場合もある。また、事前に送付済みであればOK（ただし、事前に送付済みの場合には、コピーを持っておくと安心）

□ 履歴書（予備の写真）※

いつ提出を求められてもよいように、余分に準備

□ スケジュール帳

スケジュール管理は就活の基本。就職活動の予定をいつでもチェックできるようにしておこう

□ メモ帳

説明会でのポイントメモには必須

□ 筆記用具

キャラクターものなどは避け、シンプルで機能的なものを

□ 印鑑・学生証

企業によっては、交通費が支給される場合もある

□ 携帯電話

企業からの連絡に即時対応できるように。ただし会場に入る前には、電源をOFF、留守番電話設定に！

□ ハンカチ・ティッシュ

定番品。エチケットとして用意しておこう

※の3点は、折れ曲がったりしないように
　クリアファイルなどに入れよう

CHECK! 3 「持っててよかった!」グッズリスト

□ ICカード乗車券

首都圏は電車移動が多い。時間短縮のためにも持っておくと便利

□ 名刺

セミナーなどで知り合った就活生に配ると、その後情報交換などができて便利

□ 携帯用靴磨き

朝、家を出る前にどんなに磨いても、街中を歩くと靴は汚れるもの

□ 折りたたみ傘

朝、その日の天気予報をチェック! ビショ濡れで会場入りなんていうことにはならないように

□ ストッキング

予備は必ず持っておこう

□ 携帯充電器

選考が進めば進むほど、いつでも連絡が取れる状態にしておきたい。ただし、面接や説明会時は電源を切ろう

□ 整髪料

何かと動き回ると髪型が崩れることも。持っていて損はない

※「持っててよかった!」グッズは小さいものが多く、バッグの中で迷子になりやすい。かさばらない小袋などに入れてまとめておこう

MEMO

1-3

Q1 就活の身だしなみについて、不適当と思われるものを一つ選びましょう。

① これから会う相手に、「これが私です」という自分の個性を強くアピールするために工夫を凝らし、印象に残すことが大事である。

② これから会う相手に、「この機会を大切に考えています」、「あなたに敬意を払っています」という気持ちを表現するために整えることである。

③ これから会う相手に、明るく、はつらつとした雰囲気で、好印象を与え、「この会社に入社したい」という気持ちを表すためのものである。

 解答

Q2 コート（防寒用コートやレインコートなど）を着ていた場合、どの時点で脱ぐのがよいか、適当と思われるものを一つ選びましょう。

① 訪問先企業のビルに入る前

② 訪問先企業の総合受付で名乗る前

③ 訪問先企業の会場に通されてから

解答

Q3 携帯電話に関するマナーについて、不適当と
思われるものを一つ選びましょう。

①携帯電話は、会場に入る前に振動のみのマナーモードに切り替え
る。

②携帯電話は、机の上に置かず、かばんの中にしまっておく。

③携帯電話は、よほど緊急の用件以外は、訪問先の企業ではかけない
ようにする。

解答

Q4 以下の持ち物についての記述で、不適当と
思われるものを一つ選びましょう。

①腕時計は、服で隠れて見えにくいので派手なデザインのものであっ
ても問題はない。

②筆記用具は、キャラクターものなどは避け、ビジネスの場にふさわ
しいシンプルなものを持つ。

③かばんの中でバラバラになりやすい小物類は小袋に入れ、取り出し
やすいようにしておく。

解答

Q5 就活スーツの帰宅後のメンテナンスについて、
不適当と思われるものを一つ選びましょう。

①スーツは、シルエットが崩れないように、ポケットの中を空にして
おく。

②上着は、肩のラインが崩れないように、肩部分が厚いタイプのハン
ガーにかけておく。

③スーツは、帰宅後にブラシをかけてほこりを落とし、風通しがよく、
陽当たりのよい場所に吊るしておく。

解答

Q1 就活の身だしなみについて、不適当と思われるものを一つ選びましょう。

A ①が不適当（これから会う相手に、「これが私です」という自分の個性を強くアピールするために工夫を凝らし、印象に残すことが大事である）。

外見で個性を出し過ぎることはTPOをわきまえない人だと捉えられて、マイナスの印象になることも。あくまでもビジネスの場であることを意識しよう。

Q2 コート（防寒用コートやレインコートなど）を着ていた場合、どの時点で脱ぐのがよいか、適当と思われるものを一つ選びましょう。

A ①が適当（訪問先企業のビルに入る前）。

コートなどは「外套（がいとう）」というように外で着るためのもの。その企業が入っている建物に入る前に脱ぎ、片手に掛けるようにして持つとよい。

Q3 携帯電話に関するマナーについて、不適当と思われるものを一つ選びましょう。

A ①が不適当（携帯電話は、会場に入る前に振動のみのマナーモードに切り替える）。

会場に入る前には、携帯電話は基本的に電源OFFにしてかばんの中にしまっておいたほうがよい。

Q4 以下の持ち物についての記述で、不適当と思われるものを一つ選びましょう。

A ①が不適当（腕時計は、服で隠れて見えにくいので派手なデザインのものであっても問題はない）。

腕時計は相手からは意外に見えるものなので、ビジネスの場にそぐわない腕時計は避けたい。シンプルで時間がわかりやすいタイプのものを選ぼう。

Q5 就活スーツの帰宅後のメンテナンスについて、不適当と思われるものを一つ選びましょう。

A ③が不適当（スーツは、帰宅後にブラシをかけてほこりを落とし、風通しがよく、陽当たりのよい場所に吊るしておく）。

スーツを陽の当たる場所に吊るすと、傷みや変色の原因になることも。ブラシをかけて、風通しがよく、陽が直接当たらない場所に吊るしておこう。

PART 2

電話・メール・手紙編

直接、顔を合わせないからこそ、
心を込めたマナーが大事。
まずは基本的なルールを
ここで学びましょう。

2-1

電話のマナー

CHECK! 1 電話をかける前に注意したいこと

▶ **集中できる静かな場所でかけよう**

自分の周囲がうるさいことで相手の声が聞き取れなかったり、逆に相手側にも自分の声が聞き取りにくかったりなどということがないようにしましょう。

▶ **時間帯には十分注意をしよう**

電話をかける際は、休日明けで忙しい月曜日の午前中、平日の昼休み中などは避け、月曜日の午後、火〜金曜日の10時〜16時頃がよいでしょう。ただし、気遣いとして「ただ今よろしいでしょうか?」の一言は必ず言うようにしましょう。

▶ **はきはきと、笑顔で話そう**

姿が見えなくても、姿勢や表情は相手に伝わります。相手が目の前にいるつもりで姿勢を正して、笑顔ではきはきと!

▶ **メモを取ろう**

電話は、音声でのコミュニケーションなので証拠が残りません。聞き間違いなどのないように重要箇所はメモを取り、要点の復唱確認を行いましょう。

▶ **内容はあらかじめまとめておこう**

電話は、「電話料金」と「相手の時間」を使うものです。簡潔に伝えるために、かける前に要点をまとめ、自分が話す手順、ポイントなどをしっかりと準備しておきましょう。

CHECK! 2 言葉遣いに注意しよう

説明会や面接などで学生言葉は禁物！　正しい言葉遣いを確認しましょう。

言葉遣い

	尊敬語 ※「その企業の人の言動」に使う	謙譲語 ※「自分自身や身内の人の言動」に使う
会う	お会いになる、会われる	お目にかかる
知る	ご存知	存じる（物事）、存じ上げる（人）
来る	いらっしゃる、おいでになる お越しになる、お見えになる ※「おいでになられる」、「お越しになられる」 「お見えになられる」などは二重敬語！	参る
言う	おっしゃる	申す、申し上げる
行く	いらっしゃる、行かれる	参る、伺う
聞く	お聞きになる、聞かれる	伺う、拝聴する
見る	ご覧になる	拝見する
いる	いらっしゃる	おる
する	なさる	いたす
読む	お読みになる、読まれる	拝読する
食べる	召し上がる	いただく

▶ 丁寧な言葉遣いをマスターしよう

✕	◯
わたし	わたくし
誰	どなた
すみません	申し訳ございません
ここ・そこ・どこ・あっち	こちら・そちら・どちら・あちら
今日（きょう）	本日（ほんじつ）
明日（あした）	明日（あす・みょうにち）
あとで	のちほど
ちょっと	少々
ありません	ございません
よければ	よろしければ
どうですか	いかがでしょうか
いいですか	よろしいでしょうか

▶ クッション言葉

何かを依頼するときなどに、相手への心遣いを表し、相手との人間関係を壊さないように配慮する言葉です。クッション言葉を使用することにより、柔らかい表現になります。

クッション言葉	場面	具体的な使用例
・恐れ入りますが ・お忙しいところ恐れ入りますが ・お忙しいところ恐縮ですが	依頼をするとき 例）電話で相手に代わってもらうとき／面接の総合受付で／面接で質問が聞き取れなかったとき	恐れ入りますが、◯◯部の▽▽様はいらっしゃいますでしょうか 恐れ入りますが、もう一度お願いできますでしょうか

・お手数ですが ・お手数をおかけいたしますが ・ご面倒ですが ・ご面倒をおかけいたしますが	依頼をするとき 相手の手をわずらわせるとき 手間をかけるとき 例）企業に資料を送ってもらうとき	お手数ですが、資料をお送りいただけますでしょうか
申し訳ございませんが	詫びるとき 例）日時変更などをお願いするとき	申し訳ございませんが、面接の予約時間の変更をお願いできますでしょうか
失礼ですが	聞きにくいこと（相手が話しにくいかもしれないこと）をたずねるとき 例）OB・OG訪問時に質問をするとき	失礼ですが、○○さんは、休日をどのように過ごされていますか
よろしければ	提案をするとき 例）企業の採用担当者に自分の情報を伝えるとき	よろしければ、携帯電話のメールアドレスもお伝えしましょうか
あいにく	相手の意向にそえないとき 例）企業の採用担当者との日時に関する会話のとき	あいにく、こちらの日程は大学の行事と重なっており伺えません
（お）差し支えなければ	お願いごとや提案をするとき 都合がよければ（問題がなければ）という意味 例）OB・OG訪問時に質問をするとき	（お）差し支えなければ、○○さんの入社前と入社後の会社の印象の変化についてお聞かせ願えますか
ご迷惑をおかけいたしますが	相手に何らかの迷惑をかけるとき（支障を与えるとき） 例）企業と連絡方法についてのやり取りをするとき	ご迷惑をおかけいたしますが、この期間は帰省しておりますのでわたくしからお電話を差し上げます

電話で話すときの基本を理解しよう

▶ポイント1

過度に緊張せず、落ち着いて丁寧に話しましょう。

▶ポイント2

相手の言葉が聞き取れるように、静かな場所や電波状態のよい場所を選ぶことも重要です。最初でつまずかないように、一度声を出してみてから電話をするといいでしょう。

▶ポイント3

相手が不在だった場合には、いつ戻るのかを確認し、こちらからかけ直す旨を伝えましょう。電話を切るときは相手が切ったことを確認してから切るのがマナーです。また、メモとスケジュール帳は手元に用意しておきましょう。話す順番をメモしておくと、気持ちに余裕ができます。しかし、用意したことをそのまま話すだけでなく、相手の話に合わせて臨機応変に対応しましょう。

電話での基本トーク例-1

お忙しいところ、恐れ入ります。
私（わたくし）、○○大学▲▲▽▽と申します。
（いつもお世話になっております）
恐れ入りますが、◎◎部○○課の▽▽様をお願いでき
ますでしょうか。

■ご本人が不在で代わりの方が出た場合

お忙しいところ、恐れ入ります。私、○○大学□□部の▲▲▽▽と申します。
▽▽様は何時頃お戻りでしょうか。

■ご本人が出た場合

お忙しいところ、恐れ入ります。私、○○大学□□部の▲▲▽▽と申します。
ただ今、お時間はよろしいでしょうか？

※「今は時間がない」などと言われた場合には、「何時頃でしたらお時間よろしいでしょうか？　再度こちらからかけ直させていただきます」と言って、再度電話をかけ直すようにしよう。

■「○時には戻るが、本人が戻り次第お電話する」と言われた場合

ありがとうございます。こちらからのお願いごとですので、○時にこちらからお電話させていただきます。よろしくお願いいたします。

■「○時には戻る」という回答に

ありがとうございます。○時頃にこちらからお電話をさせていただきます。よろしくお願いいたします。

■再度の電話に本人が出た場合

ありがとうございます！

※用件は簡潔に
　要点は復唱確認

お忙しいところ、ありがとうございました。
よろしくお願いいたします。失礼いたします。

留守番電話への折り返し方を学ぼう

留守番電話などに、企業からのメッセージが入っている場合もあります。「またこちらからかけます」という内容であっても自分からかけたほうがよいので、参考にしましょう。

電話での基本トーク例-2

お忙しいところ、恐れ入ります。私（わたくし）、○○大学▲▲▽▽と申します。（いつもお世話になっております）恐れ入りますが、○○部○○課の▽▽様をお願いできますでしょうか。

■本人が不在で代わりの人が出た場合

お忙しいところ、恐れ入ります。私、○○大学□□部の▲▲▽▽と申します。
▽▽様は何時頃お戻りでしょうか。

■本人が出た場合

お忙しいところ、恐れ入ります。私、先程、お電話をいただいた○○大学□□部の▲▲▽▽と申します。
（先ほどは）お電話をいただきありがとうございます。ただ今、お時間はよろしいでしょうか。

■「○時には戻るが、本人が戻り次第お電話する」と言われた場合

ありがとうございます。○時頃にこちらからお電話させていただきます。よろしくお願いいたします。

■「○時には戻る」という回答に

ありがとうございます。○時頃にこちらからお電話をさせていただきます。よろしくお願いいたします。

■「大丈夫ですよ」と言ってくれた場合

ありがとうございます！
※先方の用件を聞く要点は復唱確認

お忙しいところ、ありがとうございました。
よろしくお願いいたします。失礼いたします。

2-2

Eメールのマナー

CHECK! 1 Eメールの構成ポイント

▶宛先

宛先部分に「○○株式会社　人事部採用課御中」、「○○株式会社　採用ご担当者様」などと宛先が表示されるよう、あらかじめアドレス帳に登録をしておくとよいです（名前を間違えると失礼に当たるので、しっかりと確認しましょう）。

▶件名

採用担当者は、毎日たくさんのEメールを受信しています。件名を見ればメールの内容がすぐにわかるようにしましょう。件名の文字数は15文字程度を目安にして、簡潔なものに！

▶宛名

宛名には、会社名、部署、そしてわかっていれば担当者名もきちんと入れましょう。「○○株式会社」を「○○（株）」などと略すのは失礼です。

▶本文

手紙などの場合は、段落ごとに1文字空けますが、Eメールの場合は、1文字空ける代わりに改行し、空白行を入れ行間を空けます。1行の文字数は30文字程度を目安にすると読みやすくなります（本文構成例は037ページ）。

☐ 名乗り

Eメールには、手紙のような時候の挨拶は不要。しかし最初にきちんと名乗り、ひと目で誰からのメールかわかるようにしよう。

☐ 目的

たとえば、資料請求の場合には「貴社の資料のご送付をお願い申し上げます」などと最初に「目的（用件）」を書くとわかりやすい文章になる。

☐ 理由

資料請求をする理由を簡潔、明確、誠実な文章で書く。

☐ 最後のお願い

「お忙しいところ、まことに恐縮でございますが～」、「まことにお手数でございますが～」などと丁寧な表現で締めくくる（PART2-1のCHECK!2を参考にしよう）。

☐ 差出人名

署名機能に、あらかじめ自分の氏名、大学名（学部、学科、学年）、住所、連絡先（電話番号、Eメールアドレス）などを登録しておくとよい。

▶Eメールの本文構成例　その1「資料請求」

宛先：　毎日商事株式会社 人事部採用課 御中

件名：　貴社会社案内送付のお願い

毎日商事株式会社
人事部採用課　御中 ┐── 宛名

名乗り　大変お世話になっております。
私、○○大学□□学部△△学科の毎日太郎と申します。

目的　まことにお手数ではございますが、貴社の会社案内など
の資料をお送りいただきたくお願い申し上げます。

理由　私は、現在、○○業界を中心に就職活動を行っております。　── 本文
そして、△△や◎◎などにおいて、業界を大きくリードす
る貴社とその企業姿勢に強く惹かれております。ぜひ、
詳しく資料を拝見したいと存じます。

最後の　お忙しいところ、まことに恐縮でございますが、なにと
お願い　ぞよろしくお願い申し上げます。

○○大学□□学部△△学科
毎日太郎（マイニチタロウ）
Eメール：mainichitaro@○○.ne.jp
差出人名　住所：〒○○○-○○○○
東京都千代田区△△町○-○-○
電話：03-○○○○-○○○○
携帯：090-○○○○-○○○○

▶Eメールの本文構成例
その2「資料送付への御礼」

宛先：	毎日商事株式会社 人事部採用課 御中
件名：	貴社会社案内送付の御礼

毎日商事株式会社
人事部採用課　御中

大変お世話になっております。
私、○○大学の毎日太郎と申します。
先日は、お忙しい中、貴社の会社案内をお送りくださり
まことにありがとうございました。

さっそく拝見し、新製品開発に至るまでの社員のみなさまの
エピソードなどをはじめ、すべてが大変興味深く、時間が経つのを
忘れてしまいました。

今後、会社説明会などのご予定がお決まりになりましたら
ぜひお知らせくださいますようお願いいたします。
お手数でございますが、なにとぞよろしくお願い申し上げます。

○○大学□□学部△△学科
毎日太郎（マイニチタロウ）
Eメール：mainichitaro@○○.ne.jp
住所：〒○○○-○○○○
東京都千代田区△△町○-○-○
電話：03-○○○○-○○○○
携帯：090-○○○○-○○○○

▶NG例

宛先： 　毎日商事株式会社 人事部採用課 御中

略さずに「株式会社」と書くこと。

～～のお願い

毎日商事（株）
人事部採用課　様

会社名・部署名の場合は「御中」に。「様」は個人名のときに使う。

私は、○○大学□□学部△△学科の毎日太郎と申します。
貴社の会社案内などの資料をお送りいただきたくお願い申し上げます。
どうぞよろしくお願い申し上げます。<(_ _)>

絵文字厳禁！

○○大学□□学部△△学科
毎日太郎（マイニチタロウ）＼(￣0￣)／
Eメール：mainichitaro@○○.ne.jp
住所：〒○○○-○○○○
東京都千代田区△△町○-○-○
電話：03-○○○○-○○○○
携帯：090-○○○○-○○○○

絵文字厳禁！ うっかりプライベート用の署名のままになっていないか確認しよう。

全体的に、用件のみという文面になっているNG例。「最初の挨拶」、「資料請求する理由」、「相手の立場を思いやる一言」などを盛り込もう。

CHECK! 2 送信ボタンをクリックする前の チェック項目

- □ 会社名、部署名、担当者名は正しく入れました か?

- □ 件名は、わかりやすいですか?

- □ きちんと名乗り、本文の最初に用件がきていま すか? (資料をお送りいただきたいなど)

- □ 改行や行間などが有効活用され、読みやすくなっ ていますか?

- □ 誤字、脱字、変換ミスなどはないですか?

- □ 1行の文字数は多過ぎませんか? (1行30文字 程度を目安に)

CHECK! 3 送信後の注意点

・資料が送られてきたら、必ずお礼のメールを送る
・こまめにメールチェックを行い、タイムリーに情報収集を
　する

CHECK! 4 忘れてはいけないこと

就活における企業とのＥメールは、「ビジネスのＥメール」
です。相手に敬意を払ったきちんとした言葉遣いで書き、絵
文字などは厳禁であることは言うまでもありません。Ｅメー
ルに、「マナー」「思いやり」を盛り込み、就活ツールとして
活用しましょう。

2-3

手紙のマナー

CHECK! 1　手紙・はがきのポイント

・手書きの場合は、字の上手、下手ということよりも、「丁寧に」書くことが大切。

・Eメールとは違い、手紙は書式やルールに沿ってきちんと書く。

・はがきに通信欄などがある場合には、空欄にせず、自己PRのチャンスと考え、必ず記入する。

・応募書類を郵送する場合は、必ず、送付状（手紙）を添えるようにする。

（応募書類だけを封筒に入れて送りつけるのは大変失礼）

○○年○月○日

毎日商事株式会社
人事部採用課　御中

> パソコンで作成する場合には、氏名の部分は、直筆で書く。

○○大学□□学部△△学科
毎日太郎（マイニチタロウ）
住所：〒○○○○-○○○○
東京都千代田区△△町○-○-○
電話：03-○○○○-○○○○
携帯：090-○○○○-○○○○
Ｅメール：mainichitaro@○○.ne.jp

> 「拝啓ー敬具」を使う。「前略ー草々」は親しい間柄のみに使う。

拝啓　時下　貴社ますますご清栄のこととお喜び申し上げます。
私は、○○大学□□学部△△学科の毎日太郎と申します。

私は、現在、○○業界を中心に就職活動を行っております。そして、△△や◎◎などにおいて、業界を大きくリードする貴社とその企業姿勢に強く惹かれております。

つきましては、ぜひ、貴社に入社し、自分の力を発揮させていただきたく、応募書類を同封させていただきます。ぜひご検討いただき、面接の機会をいただきたくお願いいたします。
ご多用中、まことに恐縮でございますが、なにとぞよろしくお願い申し上げます。

敬具

CHECK! 3 宛名書き

人事担当者が、封筒の中身よりも先に見るのが「宛名書き」
の部分である。

▶縦書き封筒の宛名書き

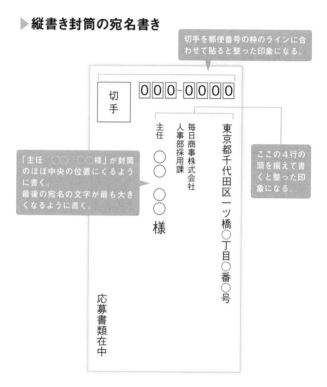

切手を郵便番号の枠のラインに合わせて貼ると整った印象になる。

000-0000

切手

主任 ○○ ○○ 様
毎日商事株式会社
人事部採用課
東京都千代田区一ツ橋○丁目○番○号

「主任 ○○ ○○様」が封筒のほぼ中央の位置にくるように書く。
最後の宛名の文字が最も大きくなるように書く。

ここの4行の頭を揃えて書くと整った印象になる。

応募書類在中

▶封筒の裏面

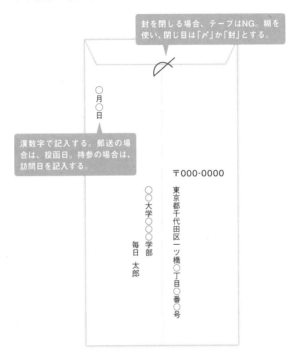

封を閉じる場合、テープはNG。糊を使い、閉じ目は「〆」か「封」とする。

漢数字で記入する。郵送の場合は、投函日。持参の場合は、訪問日を記入する。

○月○日

〒000-0000

東京都千代田区一ツ橋○丁目○番○号

○○大学○○○○学部

毎日　太郎

2-4

電話・メール・手紙編／確認問題

Q1 電話でのマナーについて、不適当と思われるものを一つ選びましょう。

①相手に自分の姿は見えないが、姿勢を正し、笑顔で話すようにする。

②かけた場合は「ただ今お時間よろしいでしょうか」と確認後に用件を話すようにする。

③相手は忙しいので、復唱確認をしなくても済むようしっかりと聞き取るようにする。

 解答

Q2 Eメールの件名について、適当と思われるものを一つ選びましょう。

①件名には、受信者への名乗りのために、自分の氏名を盛り込むとよい。

②件名には、受信者にとってわかりやすいように、簡潔に用件を盛り込むとよい。

③件名には、受信者によい印象を与えるように、挨拶の言葉を盛り込むとよい。

 解答

Q3 就活のEメール本文において、宛名表記として適当と思われるものを一つ選びましょう。

※「○○株式会社 人事部採用課 山田一郎」宛に送る場合

①「○○株式会社 人事部採用課 御中」

②「○○株式会社 人事部採用課 山田一郎 様」

③「○○株式会社 御中 人事部採用課 山田様」

解答 ☐

Q4 就活のEメール本文について、適当と思われるものを一つ選びましょう。

※宛名の後の本文について

①丁寧な表現にするために、「拝啓」という頭語から書き出す。

②できるだけ簡潔な文章にするために、用件のみの文章にする。

③メールの目的（用件）を最初に書くとわかりやすい。

解答 ☐

Q5 はがきや手紙のマナーとして適当と思われるものを一つ選びましょう。

①手紙を入れる場合は、頭語─結語は「前略」と「草々」を使う。

②資料請求のはがきに、通信欄がある場合は、特に何も書かなくてもよい。

③応募書類を郵送する場合には、手紙（送付状）も同封するようにする。

解答 ☐

2 電話・メール・手紙編

解答&解説

Q1 電話でのマナーについて、不適当と思われるものを一つ選びましょう。

A ③が不適当（相手は忙しいので、復唱確認をしなくても済むようしっかりと聞き取るようにする）。

日時や場所、電話番号など、重要なポイントは、必ず復唱確認をし、聞き取りにくかった場合にはそのままにはせず、必ず聞き直すこと。

Q2 Eメールの件名について、適当と思われるものを一つ選びましょう。

A ②が適当が適当（件名には、受信者にとってわかりやすいように、簡潔に用件を盛り込むとよい）。

件名には、用件を簡潔に盛り込むとわかりやすい。ただし文字数は15文字程度を目安に。名前は、本文の最初で名乗るようにする。

Q3 就活のEメール本文において、宛名表記として適当と思われるものを一つ選びましょう。※「○○株式会社　人事部採用課　山田一郎」宛てに送る場合

A ②が適当（「○○株式会社　人事部採用課　山田一郎　様」）。

名前（フルネーム）がわかっているときにはきちんと書くこと。また、宛名の最後が部署名か個人名かによって「御中」と「様」を使い分けよう。

Q4 就活のEメール本文について、適当と思われるものを一つ選びましょう。
※宛名の後の本文について

A ③が適当（メールの目的・用件を最初に書くとわかりやすい）。

Eメールの場合は頭語－結語などは使わない。長々とした文書にする必要はないが、「最初の挨拶」、「メールをした理由」などを盛り込みましょう。

Q5 はがきや手紙のマナーとして適当と思われるものを一つ選びましょう。

A ③が適当（応募書類を郵送する場合には、手紙（送付状）も同封するようにする）。

応募書類を郵送する場合は、必ず、手紙（送り状）を同封すること。前略－草々は親しい間柄のみ使う。

PART 3

OB・OG訪問編

OB・OGは多忙です。
謙虚な姿勢で、アドバイスをもらうための
マナーを身につけましょう。

3-1

アポイント

CHECK! 1　OB・OG訪問とは

志望する「業界」や「企業」で働いている「大学」などの「OB・OG」を訪ね、社内の「雰囲気」や「実際の仕事内容」などを知り、研究することです。

▶OB・OGの探し方

・大学の就職課に依頼する

大学の就職課（キャリアセンター）には、卒業生名簿が用意されている場合もあるので、聞いてみよう。

・ゼミ・研究室・サークルで紹介してもらう

就職課以外にも、縁故で紹介してもらうことも可能である。

・企業の人事部に問い合わせる

周りにOB・OGがいない場合は、企業へ直接電話をするという手もある。紹介をしていない企業もあるので、確認してみよう。

・人脈を使う

友人、先輩、家族、親戚など、自分の周りのいろんな人に声をかけてみよう。意外なところから紹介してもらえる場合もある。

CHECK! 2　メールでアポイントメントを取る

多忙なOB・OGにアポイントメントを取る手段としては、Eメールが適切です。（PART2「電話・メール・手紙編」の「Eメールのマナー」を参照して下さい。）

CHECK! 3 電話でアポイントメントを取る

OB・OGにアポイントメントを取るときに電話をかける場合、話す手順などはあらかじめまとめておきましょう。

※電話のやりとりについては、PART2「電話・メール・手紙編」の「電話のマナー」を参照してください。挨拶や丁寧な言葉遣いを大切に。OB・OGは忙しいなかで会ってくれるので、感謝の気持ちを持って接しましょう。

▶集中できる静かな場所でかける

自分の周囲がうるさいことで相手の声が聞き取れなかったり、逆に相手側も自分の声が聞き取りにくかったりなどということがないようにしましょう。

▶時間帯は月曜日の午後、火〜金曜日の10時〜16時頃がよい

忙しいことが多い月曜日(休日明け)の午前中、昼休み中などは、避けたほうがいいです。

▶準備するものは3点

メモ、筆記用具、自分が話す手順・ポイントを書いたもの。(PART2の「電話での基本トーク例」を印刷し、自分自身の言葉を加筆したものでもOK)

OB・OG訪問のメリット

・ホームページや会社パンフレット、説明会などで提供されるある程度、整備・用意された情報とは異なり、志望業界、企業の空気やそこで働く人の表情など、臨場感のある生きた情報を得ることができる。

・その企業（業界）で働くことに誇りを持ち、いきいきと働くOB・OGと接し、話を聞くことで、志望動機を固めることができる。

・ホンネの情報を聞き、業界選択の最終確認をすることができる。

「OB・OG」は、多忙なビジネスパーソンであり、彼らにとってOB・OG訪問とは、「ボランティア」行為であることを心しておきたいものです。引き受けてもらえたら「礼を尽くす」ことは言うまでもなく、謙虚な姿勢でたくさんの生の話を聞くようにしましょう。

MEMO

3-2

OB・OG訪問当日

CHECK! 1　OB・OG訪問当日の注意点

▶ 服装のマナー

OB・OG訪問のときの服装は就活用スーツがベストです。

▶ 遅刻厳禁

OB・OGは忙しい中で会ってくれるのです。遅刻は絶対してはいけませんが、万一、やむを得ない事情で遅れそうな場合は、早めに連絡をして、きちんと謝罪をしましょう。

▶ 待ち合わせ場所 (場所は事前に確認)

会社内、カフェが多いです。カフェなどで待ち合わせの場合は店内で先に待っていても構いません。相手が来たら立ち上がって挨拶をし、まずは時間を作ってもらったことに対するお礼を述べましょう。

▶ 名刺の受け取り方

OB・OGから名刺を渡されたら、両手で、胸の高さを保ちながら、「ありがとうございます」や「頂戴します」などと言って、ていねいに受け取ります。いただいた名刺はすぐにはしまわず、テーブルの右側に置いておきましょう（正面に置くと、汚したりしてしまう可能性があるため）。名刺に書き込みをしたり、汚したりはしないように。

▶ 注文のマナー

・レストラン&カフェの場合

迷ったら、「先輩は何になさいますか?」と聞き、OB・OGの注文したものよりも若干安めのもの、もしくは、「同じものをお願いします」でよい。

※同じものであれば、運ばれるタイミングも同じであり、お互いに気を遣わなくて済む。

・お酒を飲みながらの場合

基本的には、OB・OGにお任せする(「自分から積極的に」は避ける)。OB・OGに介抱されるほど、飲み過ぎるようなことがないように節度ある行動を心掛けよう。

▶ 会話時のマナー

あらかじめ聞きたいことを用意しておき、必ずメモを取りながら話を聞きましょう。会話では具体的な内容も大事ですが、敬語のやりとりにも注意して流れを重視した会話を心がけましょう。

▶ 会計時のマナー

基本的には、OB・OGが支払ってくれると思っていてよいですが、自分も支払おうとする気持ちは持っておくことが大切。OB・OGの自腹の場合、会社経費の場合(先輩が領収書を店からもらっている)と2通りあります。どちらであっても「ごちそうさまでした」「ありがとうございました」と心から感謝の言葉を述べることが大切です。

▶ お礼

OB・OG訪問の後は必ずお礼のメールを送るのがマナーです。その日のうちに「Eメール」でお礼の気持ちを伝えます。すぐにお礼を言われたほうがOB・OGもうれしいはずです。

CHECK! 2 OB・OG訪問で聞いておきたいこと

▶ 質問準備の留意点

□あらかじめ、自分自身で企業研究をし、質問のポイントを絞っておく。

□効率的に情報収集ができるよう、想定できる会話の流れを作っておく。

□OB・OGが回答しにくい抽象的な質問は避けること。
　例：唐突に「仕事とはどういうものですか？」と聞くなど。

□OB・OG訪問だからこその生情報・ホンネ情報を聞き出すこと。

□しかし、OB・OGが話したがらないことについては、執拗に追及しないこと。

▶ 質問例

・「○○さんの就職活動のお話を聞かせていただけますか？」

・「○○さんがこの会社に内定するまでの採用のプロセスを教えていただけますか？」

・「○○さんがこの会社に入社された理由をお聞かせいただけますか？」

・「○○さんの入社前と入社後では会社の印象は変わられましたか？」

・「○○さんが感じられる、実際の社風、雰囲気などはどのようなものでしょうか？」

・「○○さんの現在のお仕事についてお聞かせいただけますか？」

- 「○○さんがお仕事の中で大変だと感じられることは何でしょうか?」
- 「○○さんが感じられるお仕事のやりがい、面白みとは何でしょうか?」
- 「○○さんは、休日をどのように過ごされていますか?」

CHECK! 3 訪問後、忘れてはいけないこと

▶すぐに「Eメール」などでお礼の言葉を送りましょう

「訪問後には何の音沙汰もなし」という学生がいます。自分のために時間を割いてくれたのですからお礼の気持ちを伝えるのは当然のことです。ポイントは帰宅したらその日のうちに行動を起こすことです。

▶OB・OG訪問で聞いた情報は、その日のうちにまとめておきましょう

記憶が新鮮なうちに、まとめておくこと。時間を作ってくれたOB・OGに対してのマナー、誠実な態度はもちろん、自分自身の熱意などが伝わるようにしましょう。OB・OG訪問が、情報を得る好機会であると同時に、自分自身が見られている場であることを忘れないようにしたいものです。

3-3

OB・OG訪問編／確認問題

Q1 OB・OG訪問のメリットについて、不適当と思われるものを一つ選びましょう。

①志望業界、志望企業の社内の雰囲気を実際に感じ取ることができる。

②志望業界、志望企業で働く人たちの表情や活動などを生で感じ取ることができる。

③志望業界、志望企業の内部情報や機密情報などに触れることができる。

 解答

Q2 下記の中から、OB・OGとのアポイントメントを取るための電話をかけるタイミングとして、不適当と思われるものを一つ選びましょう。

①月曜日の午前9時

②水曜日の午後3時

③金曜日の午前11時

 解答

OB・OG訪問編

Q3 OB・OGへの電話アポイントメント前の準備で適当と思われるものを一つ選びましょう。

① 簡潔に、要領よく話せるように、あらかじめ、「電話での会話の流れ」は想定・準備しておいたほうがよい。

② 「電話での会話の流れ」は想定・準備するが、実際の会話の流れは、忙しいOB・OGにすべて任せたほうがよい。

③ 自分の言葉が、型通りのもの、通り一遍なものになったりしないように、「電話での会話の流れ」は想定・準備しないほうがよい。

解答

Q4 OB・OG訪問のときの質問として、不適当と思われるものを一つ選びましょう。

① 先輩ご自身がこの業界を選ばれた理由をお聞かせいただけますでしょうか？

② 最も忙しい時期の仕事ぶりについて、お聞かせいただけますでしょうか？

③ 昇給、賞与など実際の待遇面については、どのように感じていらっしゃいますか？

解答

Q5 OB・OG訪問後のお礼の理由とタイミングについて不適当と思われるものを選びましょう。

① 相手がしてくれたことに対してすぐにお礼の気持ちを伝えるのは当然の行為であるから丁寧にはがきを書き、その日のうちに投函する。

② お礼の言葉はもちろん、実際に話を聞いた上での感想・思いなどが熱意としてすぐに伝わるように、その日のうちにEメールを送る。

③ 訪問で聞いた情報をきちんと整理し、自己確認してからのほうがよいので、訪問後、1週間ほど経過してからEメールを送信する。

解答

解答&解説

Q1 OB・OG訪問のメリットについて、不適当と思われるものを一つ選びましょう。

A ③が不適当（志望業界、志望企業の内部情報や機密情報などに触れることができる）。

内部情報や機密情報、先方が話しにくいことには触れてはいけない。

Q2 下記の中から、OB・OGとのアポイントメントを取るための電話をかけるタイミングとして、不適当と思われるものを一つ選びましょう。

A ①が不適当（月曜日の午前9時）。

月曜日や休み明けの午前中は避けたほうがよい。

Q3 OB・OGへの電話アポイントメント前の準備で適当と思われるものを一つ選びましょう。

A ①が適当（簡潔に、要領よく話せるように、あらかじめ、「電話での会話の流れ」は想定・準備しておいたほうがよい）。

「電話での会話の流れ」の準備があったほうが、実際の会話の際、臨機応変に対処することができる。

Q4 OB・OG訪問のときの質問として、不適当と思われるものを一つ選びましょう。

A ③が不適当（昇給、賞与など実際の待遇面については、どのように感じていらっしゃいますか？）。

給与面などの質問については、失礼にあたる場合もあるので、先方から話さない限り、こちらからは避けたほうがよい。

Q5 OB・OG訪問後のお礼の理由とタイミングについて不適当と思われるものを選びましょう。

A ③が不適当（訪問で聞いた情報をきちんと整理し、自己確認してからのほうがよいので、訪問後、1週間ほど経過してからEメールを送信する）。

「はがき」か「Eメール」で「すぐに」がポイント。すぐに出したほうが、OB・OGもうれしい。

PART 4

エントリーシート
&履歴書編

エントリーシート（ES）は、あなたの分身であり、
企業との最初の接点を創り出すもの。
その中には忘れてはいけない
重要なマナーがたくさんあります。

4-1

エントリーシートについて

CHECK! 1　エントリーシートとは

エントリーシートは、「自分の分身」であり、「自分」と「企業」との最初の接点を創り出すものです。私たちが企業に提出するエントリーシートは、下記の3段階の役割を持っています。

① 「書類選考時の資料」：選考の第一段階に
② 「面接時の資料」：面接官の質問材料に
③ 「配属時の資料」：志望職種記入欄がある場合には部署配属の参考資料に

CHECK! 2　入手方法

・企業のホームページからダウンロードする（企業により○月○日からダウンロード開始などの告知もあり）
・WEB上で入力・作成する（作成後、そのまま送信する）
・WEBやはがきで請求し郵送される
・企業の説明会で配布される
・大学の就職課で受け取る（持ち帰って記入し、郵送する）

記入・提出上の留意点

□提出期限を厳守（期限ぎりぎりに提出するのではなく、余裕を持って提出するようにしよう）

□筆記用具は、黒色の万年筆か水性ボールペンを使用する

□丁寧に書く

□スペース内におさまるように記入する

□記入欄の9割は埋める（細かい文字でビッシリと埋めると読みにくいので避ける）

□タイトル化、結論冒頭、箇条書きなどの工夫で読みやすくする

□修正テープは使用しない（注意：フォーマットをコピーして下書きをしてから清書するとよい）

記入日 ○○ 年 ○○ 月 ○○ 日

写真貼付
3cm×4cm
上半身、正面、脱帽
2カ月以内撮影のもの
写真裏面に
学校名・氏名を記入
カラー・モノクロ可

氏名	フリガナ マイニチ タロウ 毎日 太郎	生年月日 西暦●● 年■月■日(満●●歳)
E-mail	mainichitaro@○○.ne.jp	

現住所	フリガナ トウキョウト チヨダク △△マチ 〒111-1111　　TEL 03-○○○○-○○○○　　携帯電話 090-○○○○-○○○○ 東京都千代田区△△町○丁目○番○号
帰省先住所	フリガナ 〒　　　　　　　TEL 同上

出身高校(入学:20●●年 卒業:20●●年)	大学 (入学:20●●年 卒業予定:20●●年)	大学院(入学:　　　　修了予定:　　　)
○○○立□□□高等学校	○○大学□□学部△△学科 (編入:　　　　　　　　)	大学院　　　　研究科 (修士・博士) 専攻

ゼミ・研究・卒業論文 | テーマ:「食と貧困」

概要・成果など｜世界で見られる貧困問題を「食」という観点から調査・研究しています。開発援助と貧困問題との関係を多角的な視点で捉えることの必要性を感じています。

クラブ・サークル活動 | クラブ・サークル名:バレーボール部

概要・成果など｜週3回の練習を行ってきました。合宿係として合宿を取りまとめてきました。毎年、合宿を機に、メンバーの結束を強めることができ、やりがいを感じてきました。

アルバイト | 職種:イタリアンレストランのホールスタッフ

概要・成果など｜イタリアンレストランでアルバイトをしています。7名を束ねるアルバイトリーダーを務めています。オープニングスタッフとして携わることで、自主性を養うことができました。

資格・免許 (内容・取得年月日など)	趣味・スポーツ
・TOEIC800点(20●●年取得) ・普通自動車第一種運転免許	趣味は海外旅行。色々な文化に触れることが好きです。今後も、アジア諸国を中心に見聞を広めたいです。

入社後やってみたい仕事をお書きください

私は企画・広報部にて、食を世界に広めていくためのPR事業を考え出したいです。大学で、「食と貧困」をテーマに、研究を行っています。私は、以前に貴社の海外ボランティアでカンボジアに行ったことがあり、その際、食糧が行き届いていない世界を目の当たりにしました。私は、世界中が食べることの喜びを味わうことのできるような手助けをしてみたいと考えております。

大学時代に最も真剣に取り組んできた事柄はなんですか？

（あなたが「他の人には負けない」と自信を持って言えること）
大学2年生から始めたイタリアンレストランのアルバイトです。オープン当初、来客数が少なく、売り上げが一向に伸びませんでした。それにより、スタッフの雰囲気も悪くなり、接客も決してよいものではありませんでした。そこで、店全体でミーティングをし、問題点をスタッフ全員で話す機会を設けました。私は、店舗が住宅地のそばである点に目をつけ、平日ランチに工夫を凝らし、また、お子様メニューの強化などに努めました。その結果、家族連れや主婦の客層が増え、売り上げがオープン当初よりも1.5倍に増えました。私と他のスタッフとの温度差が広がっていったこともありましたが、私の努力を認めてくれる人もいたので、それを糧に頑張ることができました。現在では、アルバイトリーダーになり、他のスタッフもついてきてくれるようになりました。あの時の頑張りにより、創意工夫とチームワークの重要性を学びました。

当社を志望した理由はなんですか？

私が貴社を志望した理由は2つあります。
まず、健康分野に力を入れている点です。以前、私の祖父が病気で倒れてしまい、一時は一生口から食事をとることができない、とまで言われていました。今では回復し、毎日健康的な食事をとり、とてもイキイキしています。そのような姿を見て、人間にとって健康であることは、何よりも大切であり、それは「食から作られる」ということを学びました。また、海外の子供たちへ食糧を届けるという取り組みを行っている点にも魅力を感じ、私の将来のビジョンと近い貴社を志望いたしました。

あなたの会社選びの基準は？

・自分の考えを自由に発言することができるような、風通しの良い社風かどうか
・自分の興味のあることを行っている企業かどうか

語学力

英語が得意です。海外ボランティアでも、不自由なく英語でやり取りができました。今後も、ますます磨いていこうと思っています。

海外留学・留学歴

・高校2年生の時に、1年間イギリスへ留学しました。英語力を磨くきっかけになりました。
・大学2年生の夏、海外ボランティアで2週間カンボジアに滞在しました。貴社を志望するきっかけになりました。

CHECK! 1 履歴書のサンプル

提出日か前日の日付を記入。

○年 ○月 ○日

ふりがな	なかむら　まさこ	
氏　名	中村　正子	(印)

ふりがなも忘れずに。
「ふりがな」の場合はひらがなで。
「フリガナ」の場合はカタカナで。

●年　●月　●日生（満●●歳）

ふりがな	とうきょうとちゅうおうくぎんざ○ちょうめ	TEL 03-○○○-○○○○
現住所	〒111-2222 東京都中央区銀座○丁目△番××号○○マンション111	携帯 090-○○○-○○○○
		e-mail ×××@△△.ne.jp

都道府県からきちんと書くこと。

～以外に連絡を必要とする場～

同 上

スピード写真不可。
写真裏に氏名・学校名記入。
書き損じる場合もあるので
写真は最後に貼る。

学校名は正式名称で。
「高校」ではなく「高等学校」。
「卒業見込み」も忘れずに記入。

学　歴・職～

学　歴

●年	3月	中央区立○○中学校	卒業
●年	4月	東京都立□□高等学校	入学
●年	3月	東京都立□□高等学校	卒業
●年	4月	○○大学△△学部××学科	入学
●年	3月	○○大学△△学部××学科	卒業見込み

職　歴

アルバイトは
職歴には含まない。

	なし	

賞　罰

	なし	
		以上

家族氏名欄は同一世帯のものを記入すること　黒または青インク、楷書、算用数字で記入すること

自己紹介書

資格は正式名称で書く。
現在取得のために勉強中のものも書く。
取得年月も書く。

【特技・資格・免許】

資格：ビジネス実務法務検定２級（○年○月取得）

　　　秘書技能検定準１級（○年○月取得）※卒業までに１級取得予定です。

免許：普通自動車第一種運転免許（○年○月取得）

【ゼミナールの研究課題・得意な学科】

読み手にもわかりやすく記述する。

ゼミナール：研究テーマ「裁判員制度導入の背景と指摘される問題点について」

裁判員制度導入に至った経緯、裁判員制度への国民意識調査結果や関係文献などから読み

取れるメリット、デメリット（問題点）などを調査、研究しています。

【所属クラブ・サークル】

活動状況がわかるように、役割や学んだことも書く。

所属クラブ：体育会バドミントン部に入学時より所属（女子部の副部長）

・活動日：平日午後４時〜午後７時まで、土曜日 午前10時〜午後１時まで。

・学んだこと：チーム同士の人間関係が、試合結果に響くことを学びました。

アルバイトの場合は、頻度や工夫していること、学んだことなども書く。

【学業以外で力を注いだこと】

アルバイト：個別指導塾の講師（大学１年生〜現在）

週３回、中学２年生に英語を教えています。生徒と会話がはずむよう、部活動や友達の話

なども引き出し、コミュニケーションを図っています。

【志望動機】

貴社の３事業のうち、コンサルティング部門のIT情報戦略、サイエンス、環境問題など、

幅広い事業に大変魅力を感じました。専門性の高い知識とノウハウを有するプロフェッ

ショナル集団の中で、自分自身を磨き、顧客へのきめ細やかなコンサルティングに携われ

たら、という強い思いのもと、志望いたしました。

黒または青インク、楷書、算用数字で記入すること

「貴社の将来性」などというありきたりの言葉ではなく、短文であっても、その企業ならではの事業内容に光を当てて、具体的に記述する。

4-3

Q1 エントリーシートを書く際の注意点について、不適当と思われるものを一つ選びましょう。

①修正テープは、基本的に使用しないほうがよい。

②提出期限ぎりぎりに提出するのではなく、余裕を持って提出したほうがよい。

③書きたいことがたくさんあるため、欄外に書くことになってもやむを得ない。

 解答

Q2 エントリーシートを書く際のポイントについて、適当と思われるものを一つ選びましょう。

①自分ならではの具体的なエピソードを使って書くとよい。

②インパクトを与えるために、奇抜な内容・表現を使って書くとよい。

③どの企業にも通用するような内容・表現を使って書くとよい。

 解答

Q3 エントリーシートにおいて、「あなたの短所を教えてください」に対し、その書き方について、適当と思われるものを一つ選びましょう。

①短所にはあえて触れず、長所を書くようにする。

②短所について、飾らず、正直に書くようにする。

③短所を書いた後、それを長所に転換できるということを書くようにする。

解答

Q4 エントリーシートにおいて、「学生時代に打ち込んだこと」について書く場合、文をいきいきとさせるための手法として不適当と思われるものを一つ選びましょう。

①学科で学んだ専門用語を多用して、専門性をアピールする。

②自分の行動を具体的に書き、人物像を感じてもらいやすいようにする。

③数字を使用して、物事の大きさや分量などがイメージしやすいようにする。

解答

Q5 履歴書作成のポイントについて、適当と思われるものを一つ選びましょう。

①日付は、記入した日の日付を書くようにする。

②写真は、スピード写真は避け、写真館などで撮影したものを使う。

③文字数を減らすため、「高等学校」ではなく「高校」という記入でよい。

解答

Q1 エントリーシートを書く際の注意点について、不適当と思われるものを一つ選びましょう。

A ③が**不適当**（書きたいことがたくさんあるため、欄外に書くことになってもやむを得ない）。

基本的には、記入スペースを守ること。いきなり書くのではなく、何をどのくらいの分量で書くかの見当をつけておくとよい。

Q2 エントリーシートを書く際のポイントについて、適当と思われるものを一つ選びましょう。

A ①が**適当**（自分ならではの具体的なエピソードを使って書くとよい）。

自分ならではのエピソードがよい。奇抜なものは求められていない。しかし、どの企業にも通用する内容では印象に残らない。

Q3 エントリーシートにおいて、「あなたの短所を教えてください」に対し、その書き方について、適当と思われるものを一つ選びましょう。

A ③が**適当**（短所を書いた後、それを長所に転換できるということを書くようにする）。

短所は長所に転換できるということで結ぶとよい。

Q4 エントリーシートにおいて、「学生時代に打ち込んだこと」について書く場合、文をいきいきとさせるための手法として不適当と思われるものを一つ選びましょう。

A ①が**不適当**（学科で学んだ専門用語を使用して、専門性をアピールする）。

専門用語は採用担当者にとってわかりにくい。誰が聞いてもわかるような表現に言い換えるなどして、好印象を与えたい。

Q5 履歴書作成のポイントについて、適当と思われるものを一つ選びましょう。

A ②が**適当**（写真は、スピード写真は避け、写真館などで撮影したものを使う）。

提出する日か、提出日前日の日付を書く。また、「高校」などと略したりしない。

PART

5

会社説明会編

説明会と言えども
選考に関わることもあるので、
参加時のマナーをきちんと
チェックしておきましょう。

5-1

会社説明会とは

CHECK! 1 会社説明会とは

会社説明会とは、各企業が志望者に対し、自社をより知ってもらうために開催する場のことで、一般的には以下のように大別されます。

▶1社による単独説明会

「採用選考の場」として位置づける企業も多く、面接や筆記試験があると心していたほうがよいでしょう。定員制で予約の必要があることも多く、会場が会社内の場合は、社内の雰囲気を直接感じ取ることもできます。

▶合同説明会（複数の企業が合同で開催する）

この合同説明会は、さらに以下の3つに大別されます。

・マイナビなどの就職情報サイトなどが主催する合同説明会

参加する業界はさまざま。学生が企業ごとに設置されたブースを回るという形式。一度にたくさんの企業と出会えるチャンス。

・特定の地域で開催される説明会

特定の地域での説明会。Uターン就職希望者も含め、首都圏にこだわらずに優良企業に出会いたい場合などに参加したい。マイナビでも全国47都道府県で説明会を開催。

・同一業界の企業が合同で開催する説明会

「業界研究セミナー」という名称のことが多い。業界全体の説明もあるので、志望業界が絞り込めている学生にとっては、各社の比較検討がしやすい。マイナビ上にある業界特集の中でも情報を得ることができる。

CHECK! 2 会社説明会には気を引き締めて参加しよう

会社説明会では、説明会後に面接や筆記試験を実施する企業もあります。また、説明会参加がその後の採用選考試験のための必須条件になることもありますので、気持ちを引き締めて参加しましょう。

CHECK! 3 会社説明会情報の入手方法

▶各企業の WEB サイト

各企業の採用情報を直接確認することができる。

▶就職サイト

あらかじめ登録しておくと、自分の志望企業の会社説明会情報などをEメールで送ってもらえる。パソコンからだけでなく、携帯からも利用できるので、移動中のチェックも可能。

▶新聞

三大紙（朝日、毎日、読売）、日経新聞などに掲載される。

▶大学の就職課

就職課には各種パンフレットが置かれていたり、ポスターが貼られていたりすることもあるので、こまめに足を運ぼう。

▶先輩・友人

就活経験者である先輩や、まさに活動中である友人からの情報は、大変貴重。自分自身の人脈からの情報も大事にしたい。

オンライン会社説明会
⇒今後はさらに加速

今後さらに加速が予想されるオンラインでの会社説明会には、インターネット接続が可能であればどこからでも参加できる大きなメリットがあります。企業は学生に対し、自社をより知ってもらうため工夫を凝らし配信します。このオンライン会社説明会には次の二つのタイプがあります。

▶「ライブ配信型」会社説明会

あらかじめ決められた日時にリアルタイムで実施するもので、ライブ感が味わえます。このライブ配信型には、「企業側、学生側の双方がカメラ＆マイクをONにし、コミュニケーションをとりながら実施する形式」、「学生側はカメラ＆マイクを使用せずに説明会を視聴し、質問があればチャット機能で行い企業から回答をもらう形式」があります。

▶「録画配信型」会社説明会

企業があらかじめ録画・編集した自社説明を、学生側がインターネット上で好きな時間に視聴する形式のため、時間効率の良さがメリットです。視聴中、分かりにくかった箇所、聞き逃した箇所等があった場合、その部分をくりかえして再生することで確認することができます。

5-2

会社説明会でのマナー

CHECK! 1 身だしなみ・持ち物を もう一度チェックしよう

▶ 持ち物「必需品」リスト

・会場地図

不案内な場所は、意外と迷うことも。手元にあれば安心

・会社案内※

事前に送付された場合は、持っていきたい

・エントリーシート※

会場で提出する場合も。事前に送付済みであればOK

・履歴書（予備の写真）※

いつ提出を求められてもよいように、余分に準備

・スケジュール帳

就職活動の予定をいつでもチェックできるように しておこう

・メモ帳

説明会でのポイントメモには必須

・筆記用具

キャラクターものなどは避け、シンプルで機能的なものを

・印鑑・学生証

企業によっては、交通費が支給される場合もある

・携帯電話

会場に入る前には、電源をOFF、留守番電話設定に！

・ハンカチ・ティッシュ

定番品。エチケットとして用意しておこう

※の３点は、折れ曲がったりしないようにクリアファイルなどに入れよう

▶「持っててよかった！」グッズリスト

・ICカード乗車券

首都圏は電車移動が多い。時間短縮のためにも持っておくと便利

・名刺

セミナーなどで知り合った就活生に配ると、その後情報交換などができて便利

・携帯用靴磨き

朝、家を出る前にどんなに磨いても、街中を歩くと靴は汚れるもの

・折りたたみ傘

朝、その日の天気予報をチェック！　ビショ濡れで会場入りなんていうことには
ならないように

・ストッキング

予備は必ず持っておこう

・携帯充電器

選考が進めば進むほど、いつでも連絡が取れる状態にしておきたい。ただし、面
接や説明会時は電源を切ろう

・整髪料

何かと動き回ると髪型が崩れることも。持っていて損はない

※「持っててよかった！」グッズは小さいものが多く、バッグの中で迷子になりや
　すい。かさばらない小袋などに入れてまとめておこう

▶ 身だしなみをチェックしよう

・ヘアスタイル

長髪ではなく、清潔感を大切にする。揉み上げが耳にかからないように、また襟足も長過ぎないように。ボサボサの寝ぐせやツンツンした髪型はNG

・顔（メガネをかける場合は、綺麗に拭いておく）

ヒゲはきちんと剃り、剃り残しがないように注意する。眉毛は細過ぎないように

・爪

伸び過ぎてなく、清潔に保たれている

・スーツ（スーツ選びではお店の人に見てもらい、自分に合うものを選ぶ）

自分の体型に合っている（ズボンが長過ぎない、短過ぎない、肩幅が合っている）。ズボンはプレスして折り目をしっかりとつけ、上着、ワイシャツともにシワがないように清潔にする

・ネクタイ（定番の単色、ストライプ柄、ドット柄、チェック柄など4〜5本あるとよい）

スーツの色と合わせたもので、派手ではなく、シンプルな印象になるように。曲がっていたり、緩んでいたりはNG

・かばん（床に置いても倒れない「自立タイプ」がおすすめ）

A4サイズの書類が折らずに入るものを選ぶ。スーツと合った色（黒など）がおすすめ

・靴下・靴（白い靴下、カラーソックスなどはNG）

靴下はスーツに合うダークカラーを選ぶ。靴のタイプはプレーントゥを選び、ピカピカに磨いておく

▶身だしなみをチェックしよう

・ヘアスタイル（顔・表情がしっかり見えるように）

地毛に近い自然な色にする。長い髪は束ねて、前髪が額を覆い過ぎないようにし、顔をしっかりと出す

・顔（メガネをかける場合は、綺麗に拭いておく）

厚化粧はNG。目元を黒く強調し過ぎるメイクにしないように。眉毛は細過ぎないように注意する

・爪

伸び過ぎてなく、清潔に保たれている。濃い色のマニキュアやネイルアートはNG

・スーツ（スーツ選びではお店の人に見てもらい、自分に合うものを選ぶ）

自分の体型に合っている（パンツ、スカートが長過ぎない、短過ぎない、肩幅が合っている）。シワになっていないか、パンツ、スカートの裾がほつれていないか、スリットが切れていないかをチェックする

・アクセサリー（イヤリング、ピアスなどはつけず、健康美を意識）

時計はスーツに合っているシンプルなデザインのものを選ぶ。指輪はNG

・かばん（床に置いても倒れない「自立タイプ」がおすすめ）

A4サイズの書類が折らずに入るものを選ぶ。スーツと合った色（黒など）がおすすめ

・ストッキング・靴

ストッキングは自分の肌の色に近いナチュラルカラーを選ぶ。靴はピカピカに磨いておく

CHECK! 2 言葉遣いのマナー

受付で、企業別のブースで、説明会で、それぞれの場で交わされる言葉。学生言葉は禁物。最低限の言葉の使い分けはできるようにしましょう。

CHECK! 3 受付のマナー

会社説明会の受付での立ち居振る舞いのポイントを確認しましょう。

□開始時間には、余裕を持って行く
　（できれば、受付前にトイレは済ませておく）

□コートなどを着用している場合は、建物に入る前に脱ぐ（マフラー、手袋も同様）

□受付では、きちんと挨拶をし、大学名と名前を明るくハキハキと伝える

□書類の受け渡しは両手で、相手の目を見て行う（かばんの中から、速やかに出せるように準備しておく）

□どの場面でも「相手が自分にしてくれたことに対して」は「ありがとうございます」とお礼の言葉を伝える
　例）書類を渡してくれたとき、場所を指し示してくれたときなど

POINT 人事担当者や役員には挨拶をするが、受付では挨拶をしない学生が多い。
受付でも人柄を見られていることは多いので、気をつけよう。

会場内でのマナー

会場内での立ち居振る舞いのポイントを確認しましょう。

□携帯電話の電源は切る

□受付は会社説明会が始まる10分前には済ませる

□受付では名前、大学名をはっきりと伝える

□必要な書類は事前に取り出しておき、受付の人の目を見て
両手で渡す

□会社説明会ではできるだけ前の席を選んで座る。採用担当
者へのアピールになることはもちろん、一定の緊張感を保
てるので、説明の内容を効果的に理解することができる
（これから前で話す企業の人に対して、前のほうの席を空
けておくのは失礼にあたる）

□着席したらキョロキョロせずに、静かに待機する

□足を組んで座る、腕組みをするなどは厳禁！

□人の前を通るときや席に着くときには周囲の人たちに会釈
をする

□配られた資料やアンケートなどにも事前に目を通しておく

□近い席の人など同じ目的を持った学生同士で情報交換する
ことは大切だが、周囲の迷惑にならない程度の会話にとど
める

□友人などに会っても私語は慎む

〜やってはいけないNG事例〜

NG.1 → 説明会開始時刻のギリギリに会場に到着する。

NG.2 → 受付で必要になる書類を事前に用意しておらず、受付で挨拶もしない。

NG.3 → 人前を通るときに、相手に会釈をしない。

NG.4 → 書類などを黙ったまま受け取る。

説明会中のマナー

会社説明会中の立ち居振る舞いのポイントを確認しましょう。

□話を聞くときは相手を見て、うなずきながらしっかりと聞く

□説明を聞いているだけでは内容を理解できない。話の要点などはメモを取り、これからの質問や選考に生かせるようにする

□企業のWEBサイトなどでしっかりと予習をした上で質問する

□質問をする際には、まず立ち上がり、名前をきちんと名乗ってから質問する

□明るくはきはきと話す

□簡潔で、回答者にとってわかりやすい言葉で質問する

□回答されたら、一言お礼を述べる

〜やってはいけないNG事例〜

NG.1 → 周りをキョロキョロと見渡す。

NG.2 → あくびをくりかえす。

NG.3 → 的外れな質問(自分で事前に企業研究をしておけばわかる内容など)。

NG.4 → ほかの人の質問と重複した内容の質問(人の話を聞いていないことを実証してしまう)。

NG.5 → 一人でいくつもの質問をする(どうしても複数質問したい場合には、最初にその旨を伝えておくとよい)。

NG.6 → 自己PR的な方向に流れている質問(利己的に見えてしまう)。

CHECK! 6 退場の際に気をつけること

□終了後に配布されるアンケート用紙には、必ず記入して提出する

（白紙のままや「特になし」と記入する人がとても多い。アピールするチャンスだと思って必ず記入しよう）

□退出時には、関係者にお礼を言う

CHECK! 7 説明会で企業のココを見よう〜 自分の目で企業を確かめる

□ 説明を客観的に捉える視点を持つ

会社説明会は、企業にとってのPRの場でもあり、業績面などよい面を中心に語られることも多い。さまざまな情報を入手し、多角的に捉える視点も必要です。

□ 運営する社員の態度などを見る

会社説明会をスムーズに運営できているかどうか、企業の力を確認できるチャンス。スタッフとして動く社員の様子もよく観察しておきましょう。そこから社風や体質などの片鱗を見ることができます。

□ 時間の観点から見る

会社説明会全体の流れや時間管理も着眼点のひとつ。定刻にスタートできるかどうかという単純なことであっても、一事が万事ということもあるのです。

□ 学生の質問への回答の仕方を見る

きちんと受け止めて、真摯に回答してくれるかどうかもチェックしたい。もちろん、それ以前に私たちがマナーを心得て質問することが大前提です。

会社説明会後の「復習」

情報はすぐに溜まります。説明会に行ったということだけに満足してしまうことのないように、自分が足で稼いだ情報は、きちんと整理をしておきましょう。

5-3

会社説明会編／確認問題

Q1 会社説明会の記述について、不適当と思われるものを一つ選びましょう。

①会社説明会では、筆記試験、面接が行われることもあると思っていたほうがよい。

②会社説明会は、同じ時期に開催される場合も多いので、あらかじめ計画を立てたほうがよい。

③会社説明会では、アンケートや訪問カードなどが配布される場合があるが、選考には影響しない。

 解 答

Q2 会社説明会当日のマナーについて、不適当と思われるものを一つ選びましょう。

①遅刻は厳禁であるが、やむを得ない事情で遅刻する場合は、すぐに連絡を入れるようにする。

②説明会会場の席がまだたくさん空いていたら、後方の席から順に座っていくようにする。

③会場のビルに入る前に、コート、マフラー、手袋などを身に着けている場合には取るようにする。

 解 答

Q3 会社説明会の際の質問のマナーについて、不適当と思われるものを一つ選びましょう。

①自己PRになるような質問の仕方をするなどの積極的な姿勢があってもよい。

②自分自身でその企業の情報収集などの事前準備をした上で質問をする。

③ほかの人が質問をしているときには、よく耳を傾け、必要に応じてメモを取るようにする。

 解答 ☐

5 会社説明会編

Q4 次の会社説明会の記述について、正しいものをすべて選びましょう。

①会社説明会は当日の運営の仕方や従業員の様子などから、その企業の体質・社風を見るよい機会である。

②学生からの質問に対しての企業側の回答の仕方については、企業の体質・社風を見るよい機会である。

③会社説明会当日に提供される情報と、自分自身で調べた情報とを合わせて客観的に捉えることも必要である。

解答 ☐

Q5 会社説明会終了後、ノートに情報をまとめておく場合の記載事項として必要と思われる項目をすべて選びましょう。

①企業の印象・面接官の名前

②企業名・訪問日時・会場名

③説明会での質疑応答の詳細

解答 ☐

Q1 会社説明会の記述について、不適当と思われるものを一つ選びましょう。

A ③が不適当（会社説明会では、アンケートや訪問カードなどが配布される場合があるが、選考には影響しない）。

アンケート、訪問カードなども含め、すべて選考に含まれると思っていたほうがよい。最後まで気を抜かないで臨むようにしよう。

Q2 会社説明会当日のマナーについて、不適当と思われるものを一つ選びましょう。

A ②が不適当（説明会会場の席がまだたくさん空いていたら、後方の席から順に座っていくようにする）。

前から座っていくこと。これから企業の人の話があるのに、前の席を空けておくことは失礼になると考えよう。

Q3 会社説明会の際の質問のマナーについて、不適当と思われるものを一つ選びましょう。

A ①が不適当（自己PRになるような質問の仕方をするなどの積極的な姿勢があってもよい）。

質問の時間は限られている。自分だけの時間ではないということ、また質問の場は情報収集の場と捉えたほうがよい。

Q4 次の会社説明会の記述について、正しいものをすべて選びましょう。

A ①②③すべて正しい。

会社説明会では、話の内容だけではなく、さまざまなところからその企業のことを知ろう。

Q5 会社説明会終了後、ノートに情報をまとめておく場合の記載事項として必要と思われる項目をすべて選びましょう。

A ①②が必要。

③の質疑応答の詳細は必要なく、むしろ、あとから見直して役に立つように、ポイントだけを書いてまとめておくようにしよう。

PART 6

面接編

よりよい人材を採用するために
企業が厳しいチェックをするのが面接です。
自己PRする前にマナーを守って
好印象を与えられるようにしましょう。

6-1

面接とは

CHECK! 1 面接の形式と狙い

▶個人面接

学生1名に対して行われます。一般的には、1名15～20分ほどかけて面接が行われます。

学生1名　　面接官

POINT　エントリーシートに書いた内容について掘り下げられることが多い。自分がエントリーシートに何を書いたか再確認して臨むこと。

▶集団面接

一次面接など、初期の段階の面接に多い形式。いかに自分の印象を残せるかがポイントです。しかし、ほかの学生が回答しているときの態度や表情などの傾聴姿勢もチェックされることに注意しましょう。

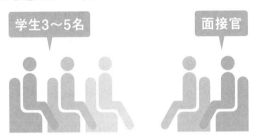

学生3〜5名　面接官

POINT　ほかの人が回答しているときには、自分には関係ないと思うのではなく、回答している人の話に耳を傾けよう。突然、自分に話しかけられる場合もある。

▶グループディスカッション形式

あらかじめ与えられるテーマについて討議する形式。司会、書記、タイムキーパーなどの役割を決めて進めていくのが一般的です。

学生5〜6名　面接官(オブザーバー)

POINT　リーダーシップ、協調性、論理性、配慮の仕方などがチェックされる。つまり、「人とのかかわり方」が見られているということ。不採用に多いのは「何も発言しない人」である。

面接官は私たちの何を見ているのか

▶第一印象

これは、表情、身だしなみ、姿勢、態度、声の印象、言葉遣いなどから判断されます。どの企業も「明るく感じのよい人」を採用したいと考えているのです。

▶入社への意欲

「企業研究に根ざした入社意欲」が大前提。具体的な志望動機が必要です。

▶適性

どんなに意欲があっても、適性がなければその会社で活躍することは難しいでしょう。適性があるかどうかも見極めています。

▶コミュニケーション能力

傾聴姿勢、会話のキャッチボール、論理性などを質疑応答で確認されています。つまり、基本的な社会適応能力の有無が問われるのです。

▶人柄・その人らしさ

「その人ならではの個性、人柄」などが印象に残ります。面接の場で本来の自分を押し込め、無理をしてまで優等生を装う必要はありません。

6-2

面接のマナー

CHECK! 1 面接の流れと注意点

▶会場での受付

コートなどを着用している場合は会場の外で脱ぎ、裏側を外に向けてたたんでおきましょう。面接会場へは、遅くとも受付時間の10～15分前には到着するように。受付では名前、大学名をはきはきと伝え、きちんと挨拶をしましょう。履歴書やエントリーシートなどの提出書類は事前にかばんから出しておき、受付の人の目を見て両手で渡します。笑顔で好印象を与えることも大切です。

～やってはいけないNG事例～

NG.1 → 受付時間のギリギリに会場に到着する。
NG.2 → かばんを持ったまま受付をして、提出書類を片手で渡す。

▶控え室での待機時間

すでに面接は始まっています。携帯電話をいじったり、周囲の学生とおしゃべりをしたり、キョロキョロしたりするとマイナスの印象を与えてしまいます。配布された資料を見るなどして静かに待機しましょう。

▶面接会場の前に移動

面接会場のドアはノックをしてから入ること。入室確認のノックは3回。小さ過ぎず、大き過ぎず、「入ります」という自分の意思がきちんと伝わるようにドアをたたく。中から「どうぞ」という声が聞こえてから入りましょう（ドアが最初から開いていたら「失礼します」と言って入りましょう。ノックは不要です）。

▶面接会場に入室

入口で明るく「失礼いたします」と30度くらいのおじぎをし、ドアを両手で開けます。多くの面接官が、「入室時点でその学生のイメージがある程度つかめる」と言っています。

▶イスに座る

「よろしくお願いいたします」と明るく挨拶し、30度くらいのおじぎをします。面接官に「どうぞ」と言われてから座り、面接官からの言葉には「はい」と返事をしてから行動すると好印象（もしも、「どうぞ」と言われなくても、焦らずに「失礼します」と一言添えて、座るようにしましょう）。かばんとコートは足元に置きます。イスの背もたれには寄りかからずに背筋を伸ばしてやや浅めに座りましょう。

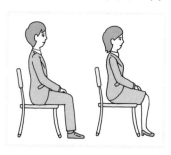

▶面接スタート

座っている間、自分の足や手にも神経を行き届かせましょう。どんなに緊張をしていても明るい笑顔で。面接官が複数いても、基本的には質問をした面接官の目を見て回答しましょう。

▶面接対話時の心構え

姿勢を正しく、お腹からしっかりと声を出し、アイコンタクトやボディランゲージを交えながら会話をしましょう。学生言葉にならないように注意することも大切です。エントリーシートに書いた内容を棒読みしないように気をつけましょう。面接ではあなたが答えた内容だけでなく、とっさに現れる態度や言葉遣いも重要視されます。面接官に悪い印象を与えず、あなたの内面をよりよく見てもらえるように、一連の作法を身につけておきましょう。

〜やってはいけないNG事例〜

NG.1 → 面接会場への入室前に挨拶をしない。
NG.2 → 面接官の話を途中でさえぎって話を始める。
NG.3 → 集団面接などでほかの学生の話を聞いていない。

▶退室

明るく「ありがとうございました」と言い、45度くらいの丁寧なおじぎをします。出口のところまで行ったら、もう一度、面接官のほうに向き直り、「失礼いたします」と言い、明るくきちんとした45度くらいのおじぎを。面接での受け答えがうまくいってもいかなくても、好印象を残すことが大切。結果はまだわかりません。

▶控え室へ戻る

終わってからも、周囲の学生と余計なおしゃべりはしない。その会社の建物を出るまでは面接の場と思っていたほうがよいでしょう。

CHECK! 2 おじぎの形

会釈 (15°)

廊下などですれ違うときに行う軽い挨拶
例：イスに座るときの「失礼いたします」

敬礼 (30°)

初対面の人などに対して行う一般的な挨拶
例：入退室時の「失礼いたします」／自己紹介時の「よろしくお願いいたします」

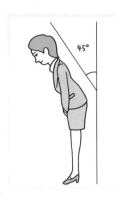

最敬礼（45°）

感謝やお詫びなど改まったときの挨拶
例：面接終了時の「ありがとうございました」

CHECK! 3 話し方のマナー

☐ 笑顔で

☐ 相手の目を見て

☐ 質問には「はい」と返事をして

☐ その場に適した大きな声で

☐ 口を大きく開け、明瞭な発音で

☐ 落ち着いて早口にならないように

☐ 素直に、正直に。ボディランゲージを加えてわかりやすく
　⇒質問の意味がわかりにくかったら、正直に「恐れ入りますが、もう一度ご質問をお願いできますでしょうか」と頼む

☐ 否定的な表現よりも、肯定的な表現で

☐ 自分の回答が質問とずれていないかを確認しながら

☐ きちんと相づちを打ちながら会話をする
　⇒相づちは「はい」。「ええ」や「うん」はNG！

6-3

WEB面接ならではのマナー

CHECK! 1 WEB面接について

劇的に増えたWEB面接は、その利便性から今後も増加傾向が予測されます。基本的な流れやポイント等は、対面形式の面接と変わりはないですが、WEB面接ならではの心構えや留意点を確認しておきましょう。

CHECK! 2 WEB面接の準備（通信環境）

▶余裕をもって準備する

時間に余裕をもってWEB面接の準備をしましょう。1〜2時間ほど安定して接続可能なWi-Fi環境下が望ましいでしょう。通信トラブル等の不測の事態に備え、企業の連絡先も手元に控えておきましょう。また、面接時間中は家族に静かに過ごしてもらえるよう、事前に協力要請をしておきましょう。

▶スマートフォンやタブレット等は固定する

通信の安定性からはパソコン使用が望ましいですが、スマートフォン使用の場合は、面接中に揺らぎがないように台に自分の目線に合わせてしっかりと固定しましょう。

▶「聞こえ方」のチェックをする

集中して面接官の声を聞くことができるように、ヘッドホンやイヤホンの使用をおすすめします。音声の聞こえ方の事前チェックを行うと安心です。

▶「映り方」のチェックをする

照明が暗い場合は、カメラの後ろ、自分のデバイスの斜め前、上方に小さなライトを設置すると表情が明るく映ります。また、背景に私物等の余計なものが映り込まないようにし、できれば無地の壁をバックにしてセッティングしましょう。

CHECK! 3 スタート時の挨拶が肝心

サークル活動等のWEB会議開始前に、通信状況の確認作業で何となく締まらないスタートをしたという経験はありませんか？ WEB面接では、最初に大きな声ではきはきと挨拶をする練習をしておきましょう。「おはようございます！」「こんにちは！」という爽やかな第一声は、面接官に好印象を与えます。続いて「本日はお忙しい中、お時間をいただきありがとうございます」という相手を気遣う言葉や「○○大学、▲▲学部●年生の□□　□□と申します。どうぞよろしくお願いいたします！」という元気な自己紹介をしましょう。

WEB面接中の視線・表情

▶カメラ目線が重要

つい、画面の面接官の顔を見て話しがちですが、面接官にとっては少し下を向いているように映ってしまいます。面接官への映り方を常に意識しながらできるだけ「カメラ目線」を多くしましょう。

▶口角を上げた明るい表情をキープする

ＷＥＢ面接では、対面形式の面接以上に明るい表情を意識するようにしましょう。集団面接等の場合は、話している本人以外の全員の顔が画面に映っていますので、自分が思っている以上に面接官に表情が見えていることを忘れないようにしましょう。

▶動作は5割増しを意識する

うなずく、身振り手振りで表現する等の動作は、対面形式の面接よりも「５割増し」にすると効果的です。面接官の「聞こえますか？」等の質問には、「挙手をする」等の反応をしましょう。ただし、画角からはみ出さないよう、挙手も含む身振り手振りについては、自分の上半身の範囲内で動かすとよいでしょう。

▶「話す調子」を調整する

対面形式の面接よりも、「大きめの声」、「少し高めのトーンで」、「ゆっくりめに」、「適度な間をとりながら」話すと面接官に伝わりやすいです。はきはきと明瞭な声で自分の発言内容が確実に面接官に伝わるようにしましょう。

PART **7**

内定後編

内定者懇親会などまだまだ
気を抜けないのが内定後の期間です。
社会人になっても必要なマナーを
ここでしっかりとチェックしておきましょう。

7-1

内定後のマナー

内定辞退をする場合

▶考え方

企業側はよい人材を確保したいと強く願っており、就活生にとっても人生の重要な選択を迫られています。つまり、両者が真剣勝負ということ。しかし、複数の企業から内定を得た場合、内定辞退は避けられません。一方の企業側も、辞退する学生がいることは想定範囲内です。

▶内定を辞退する場合

> ### よく考える

> ### 気持ちが固まったら、内定辞退は早めに行う

できれば、「内定誓約書」や「入社承諾書」の提出前に辞退をしましょう。しかし、提出した後であっても、どうしても、というときには、極力早めに丁重にお詫びをして辞退を申し出ましょう。

> ### 謙虚な姿勢でお詫びをする

①電話で連絡を入れる
Eメール1本で済ませないようにしましょう。

②直接、訪問をしてお詫びをする
①の電話のときに、直接出向いてお詫びをしたい旨を伝え、「必要ない」と言われた場合は、丁重に電話でお詫びをしましょう。

③お詫びの手紙を書いて出す
上記の①②のあとは、必要に応じて丁重に手紙でも伝えましょう。

企業からの内定者フォロー

▶ **内定者研修…日数は、会社によって違う。**

目的1：会社の業務や部署の仕事への理解を深める

目的2：内定者同士のコミュニケーションを深める

▶ **内定者懇親会…レストランやホテルなどで
行われることが多い。**

目的1：内定者の不安の解消

目的2：内定者同士のコミュニケーションを深める

▶ **内定式…通常は、10月初旬に実施される。
各企業の内定式日程を確認する必要がある。最
近では、内定式を実施しない企業も増えつつある。**

目的：入社の意思を確認する

7

内定後編

内定先でのアルバイト

▶よくある質問：「アルバイトの仕事ぶりで、内定取り消しなどにならないでしょうか?」

内定と内定受諾は法的契約。会社側は、あなたを書類や面接を通してきちんと選考をした結果、内定を出します。したがって、手間をかけて選抜した人材を、アルバイトの仕事ぶりで不採用にするような会社は相当、いい加減な会社であると言えます。まだ学生であるあなたに、社会人と同等の仕事をすることを会社側も期待していません。4月から入社する会社をよく知ろうという気持ちで、指示された仕事に謙虚に一生懸命取り組めばよいのです。

POINT あまり、ガチガチに緊張せずに、自分と自分を選んでくれた会社を信じて一生懸命やればよいでしょう。

▶内定先でのアルバイトのメリット

・職場の雰囲気を知ることができる。

・職場の人とコミュニケーションをとることができる。

・会社の様子を少し知ることで、不安が軽減される。

7-2

社会人としてのマナー

CHECK! 1 席次のマナー

社会人予備軍としての基本的なマナーを知っておきましょう。「上座」という言葉を聞いたことはありますか？　昔は、一般家庭でも、家長である父、祖父の席があり家族の座る順番にもそれぞれ順位と役割がありました。相手に敬意を払うからこそ「一番快適な席」＝「上座」に座ってもらう。当然、お茶や料理も上座に座った人から出していきます。これは、ビジネス社会、一般社会でも大切なマナー。そこで席次について確認しましょう。

▶上座の条件

・入口から一番遠い席
・テーブルに正対している席（そのテーブルに対し正規に座る位置であること）

　※ただし、たとえ、入口から近い席であっても、以下の理由で上座にすることもあります。

・窓からの景色が最もよく見える席
・絵画や生花などが最もよく鑑賞できる席

103

席次の見方

上位		⟶		下位
A	B	C	D	E

応接室 その1

応接室 その2

応接室 その3
（事務所内の場合）

※Aが上座の理由
→事務所内の音が聞こえにくいから

タクシー　　　　**新幹線（飛行機）**

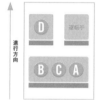

列車（4人掛け）

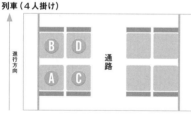

※応接室その1とは違い
　3人掛けの場合、乗物は真ん中がC
　になる理由は、真ん中は居心地が悪
　いから

▶まとめ

基本的には、以上のようなルールがありますが、必ずしもこのとおりではない場合もあります。ただ、このような基本ルールを知っておくことは、いざというときのための「自信と心のゆとり」につながります。相手に敬意を払うからこそ、上座をお勧めする。大切な意味はそこにあります。

CHECK! 2　食事のマナー

社会人になると、上司や取引先の人と食事をする機会があります。印象がアップする食事の基本マナーを今のうちに確認しておきましょう。

▶和食

・背筋を伸ばして食べる

下を向き、皿に口を近づけて食べる「犬食い」は見苦しいもの。気をつけましょう。

・箸の取り方は、スマートに

1

まず右手で箸の中央を持ち上げる。

2

左手で下を支え、左手は右手のほうへ。

3

右手を持ち替えたら、左手を離す。

・箸の持ち方は、今からでも矯正できる

上の箸を人差し指と中指で持ち、下の箸は薬指でささえながら親指の付け根で固定する。

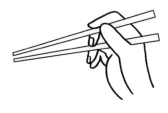

・箸使いのタブー

□以下の箸使いは、同席者に不快感を与えるので注意しましょう。

※「箸先一寸」と言われるように箸先を汚してよいのは、一寸(3cm)までです。

✕ → **迷い箸**：料理の上で、どれを取ろうかと箸をうろうろさせる

✕ → **ねぶり箸**：箸の先をなめる

✕ → **移り箸**：一度、箸で取りかけて、途中でやめる

✕ → **よせ箸**：箸で料理の器を引き寄せる

✕ → **探り箸**：箸でより分けて食べる

✕ → **渡し箸**：箸を器の上に渡して置く

✕ → **涙箸**：箸でつかんだ料理の汁をたらす

✕ → **刺し箸**：料理を箸で突き刺す

✕ → **指し箸**：箸で人や物を指し示す

✕ → **握り箸**：箸と器を同じ手で一緒に持つ

✕ → **拾い箸**：箸から箸へと料理を受け渡す

✕ → **押し込み箸**：口の中の料理を箸で押し込む

・食器の扱い方のタブー

□器を持たず、手を受け皿にして食べる。

　※和食の基本は器を手に持つこと。

□器のふたを食べ終わってから表裏を逆にして戻しておく。

　※逆に戻すのは、器を傷めるもと。出てきたときと同じようにふたを戻しましょう。

□串物が出たときに、そのままかぶりついて食べる。

　※串物が出たときには、先に串を外してしまいましょう。

▶洋食

・食事中のマナー

□ナプキンは、二つ折りにし、折り山が自分のほう(手前側)にくるようにして膝の上に置く。

□料理の途中の場合は、ナイフとフォークを皿に「ハの字」に置く。

□なるべく音をたてずに食事をする。

✕ → ナイフやフォークのカチャカチャ音

✕ → スープをズルズルする音

□ナイフやフォークを落としても、慌てて自分で拾わず、お店の人にお願いする。

□食事のペースは、同席者に合わせる。

・食後のマナー

□料理を食べ終わったら、ナイフとフォークを「斜め」に並べて置く。
□ナプキンはおおざっぱにたたんでテーブルの上に置く。

▶中華

中華料理は、和食、フランス料理などと比べると、それほど
マナーにうるさくはありません。しかし、それだけに最低限
のマナーを知っておきましょう。

□回転卓は時計回りにし、料理は主賓（基本的には上座に座った人）に最初に回す。
□自分が料理を取る場合には、最後の人にまで行き渡るように配分を考えること。
□回転卓には、個人のグラスや皿などを置かないこと。
□回転卓を回す際には、なぎ倒してしまうものがないか確認する。
□取った料理は残さずに食べる。

▶立食パーティー

社会人になると、立食パーティーの機会もきっとあるでしょ
う。そのときに恥をかかないための確認事項です。大前提は、
「食事に夢中にならないこと」です。

□コートや荷物は、クロークなどに預ける。
□料理を取るのは、乾杯が済んだあと。
□会場内のイスに最初から座らない。これらのイスは、パーティーの中盤以降に、
　疲れた場合に座るために用意された席。基本的には、「若くて元気な新入社員
　は座らない席」と思っていてよい。
□皿には2〜3品を、食べきれる分だけ取る。てんこ盛りにはしないこと。

▶まとめ

食事のマナーとは、食事をする人をがんじがらめにするため
のものではありません。会社内の人と、取引先の人と、プラ
イベートでなど、縁があって出会った人たちと食事の場を通
して、お互いに気持ちよく、親睦を深めることができるよう
にするためのものだと思ってください。

7-3

内定後編／確認問題

Q1 内定辞退の行動として、不適当と思われるものを一つ選びましょう。

①内定辞退を申し出た後、必要に応じて手紙でのお詫び状を出すようにする。

②企業側の手間を取らせないためにEメールで丁重に詫びる。

③気持ちが固まったら、できるだけ早めに内定辞退の連絡をする。

 解答

Q2 内定者懇親会についての説明で、不適当と思われるものを一つ選びましょう。

①内定者同士のコミュニケーションを深めることができる。

②懇親会での様子などを人事担当者が目を光らせてチェックしている。

③会社や社員の雰囲気に触れ、慣れることにより内定者の不安を軽減させてくれる。

 解答

Q3 内定先でのアルバイトにおける取り組み方として適当と思われるものを一つ選びましょう。

① まだ入社したわけではないので、気安く周りの人に話しかけないようにする。

② 謙虚な姿勢で仕事に取り組み、できないことは素直に周りの人に聞く。

③ 内定取り消しも十分にあり得るので、ミスだけは避けるようにする。

解答 ☐

7
内定後編

Q4 食事や宴席などのマナーとして、適当と思われるものを一つ選びましょう。

① 中華料理の回転卓は、時計と反対回りで回し、最初に主賓に料理がいくようにする。

② 立食パーティーで何度も料理を取りに行かなくてもよいように、できるだけ多く皿に盛るようにする。

③ レストランで、フォークとナイフの使う順番を間違えたが、そのまま使い、お店の人が来たときに伝えて補充をしてもらった。

解答 ☐

Q5 次の①、②の場合の「下座」をそれぞれのA〜Eの中から一つ選びましょう。

① 応接室

出入口

② エレベーター

操作盤

解答 ☐　　　　解答 ☐

109

Q1 内定辞退の行動として、不適当と思われるものを一つ選びましょう。

A ②が不適当（企業側の手間を取らせないためにEメールで丁重に詫びる）。

断るほうも、断られるほうも、辛い瞬間ではあるが、Eメールという簡単な手段で済ませようとしてはいけない。

Q2 内定者懇親会についての説明で、不適当と思われるものを一つ選びましょう。

A ②が不適当（懇親会での様子などを人事担当者が目を光らせてチェックしている）。

内定者懇親会は、②のような性格のものではない。

Q3 内定先でのアルバイトにおける取り組み方として適当と思われるものを一つ選びましょう。

A ②が適当（謙虚な姿勢で仕事に取り組み、できないことは素直に周りの人に聞く）。

社会人と同等の仕事は期待されていないので、謙虚な姿勢で与えられた仕事に一生懸命に取り組み、社内の雰囲気を感じよう。

Q4 食事や宴席などのマナーとして、適当と思われるものを一つ選びましょう。

A ③が適当（レストランで、フォークとナイフの使う順番を間違えたが、そのまま使い、お店の人が来たときに伝えて補充をしてもらった）。

中華の回転卓は、時計回り。また、立食パーティーでは、てんこ盛りはタブー。

Q5 次の①、②の場合の「下座」をそれぞれのA～Eの中から一つ選びましょう。

①応接室

A Dが下座

出入口に最も近い席が下座。

②エレベーター

A Eが下座

操作盤の前が下座。

PART **8**

就活マナー総合問題

すべての就活マナーを総チェックしましょう。
初級・中級・上級に分かれた問題を解いて
恥をかかない就職活動に
役立ててください。

8-1

初級問題

Q1 空欄に入る身だしなみの言葉として、適当と思われるものを一つ選びましょう。
【就活の身だしなみの3要素は「　　　　　」・健康的・機能的である】

① 安全性

② 清潔感

③ 多様性

Q2 身だしなみのポイントについて、不適当と思われるものを一つ選びましょう。

① 靴下の色は、白がシンプルでよい。

② スーツは、自分の体型に合っていることが大切である。

③ 茶髪は避け、前髪で顔が隠れないようにすっきりと束ねる。

Q3 OB・OG訪問のときの質問として、適当と思われるものを一つ選びましょう。

① 「○○さんにも嫌な上司などはいらっしゃいますか?」

② 「○○さんでも、会社を辞めたいと思われたことはありますか?」

③ 「○○さんがこの会社に内定するまでのプロセスを教えていただけますか?」

解答 [　]

Q4 電話のマナーとして、適当と思われるものを一つ選びましょう。

① 企業の担当者が忙しそうな雰囲気のときには、前後の挨拶言葉や名乗りなどは簡略化させ、早口で用件を伝えるようにする。

② 留守番電話に「またお電話します」という企業の担当者からのメッセージが入っていても、こちらからかけるようにする。

③ 初めて電話をかけた企業に、「いつもお世話になっております」と挨拶された場合には「いいえ、初めてお電話をいたしました」と伝えるようにする。

解答 [　]

Q5 電話をかけるとき、相手の都合を確認する言葉として、適当と思われるものを一つ選びましょう。

① 「今、いいでしょうか?」

② 「このまま続けてもよろしいでしょうか?」

③ 「ただ今、お時間はよろしいでしょうか?」

解答 [　]

Q6 就活のEメールの件名について、適当と思われるものを一つ選びましょう。

①件名の文字数は、あまり気にしなくてよい。

②件名の文字数は、15字程度におさめるのがよい。

③件名の文字数は、30字程度におさめるのがよい。

 解 答 ☐

Q7 企業の人事部宛にEメールを送るときのポイントとして、適当と思われるものを一つ選びましょう。

①頭語と結語などは使用しないが、全体的に丁寧な表現にする。

②親しみやすさを出すために、顔文字を少し使用するようにする。

③志望動機は、便利な「コピー＆ペースト」機能を活用し、複数の企業向けに使い回しをする。

解 答 ☐

Q8 応募書類を送るときの手紙のマナーについて、不適当と思われるものを一つ選びましょう。

①会社名や部署名などの敬称は、「御中」とする。

②「○○株式会社」などの会社名は、「○○ (株)」と略して書く。

③応募書類だけを送るのではなく、送付状 (添え状) も同封する。

解 答 ☐

Q9 会社説明会でのマナーについて、不適当と思われるものを一つ選びましょう。

① 受付では、相手の目を見て、明るくはきはきと大学名、名前を伝える。

② コートやマフラー、手袋などを着用している場合は、会社の建物に入る前に、外しておくようにする。

③ 受付での書類などのやりとりは、渡すときは利き手で、受け取るときは両手で行うようにする。

Q10 会社説明会でのマナーについて、適当と思われるものを一つ選びましょう。

① 会場に入ったら、積極的に前のほうの席に座る。

② 説明会が始まる直前まで、できるだけ多くの学生と積極的に話し、情報交換をする。

③ 説明会の質疑応答のときには、自己アピールのために、積極的に手を挙げる。

解答

Q11 会社説明会のときのマナーについて、適当と思われるものを一つ選びましょう。

① 説明会の人事担当者の話は、腕組みをし、うなずきながら聞いた。

② 人事担当者の話を聞きながら、時折、携帯電話の受信チェックをした。

③ メモを取りながら、話をしている人事担当者のほうも見て聞くようにした。

解答

Q12 面接のときのおじぎのポイントについて、不適当と思われるものを一つ選びましょう。

①おじぎは、真剣さが伝わるように、真顔がよい。

②おじぎは、相手としっかりアイコンタクトを取る。

③おじぎは、首ではなく、腰から折って上体を倒し行うようにする。

Q13 敬語の使い方として、最も適当と思われるものを一つ選びましょう。

①「御社のホームページを見ました」

②「御社のホームページを拝見しました」

③「御社のホームページを見せてもらいました」

Q14 敬語の使い方として、最も適当と思われるものを一つ選びましょう。

①「お客さまが来られました」

②「お客さまがお見えになりました」

③「お客さまがお見えになられました」

Q15 敬語の使い方として、最も適当と思われるものを一つ選びましょう。

① 「母が言っておりました」

② 「母が申しておりました」

③ 「母がおっしゃっていました」

解答 [　]

117

Q1 空欄に入る身だしなみの言葉として、適当と思われるものを一つ選びましょう。【就活の身だしなみの３要素は「　　　」・健康的・機能的である】

A ②清潔感

就職活動の身だしなみの３要素の中でも、特に「清潔感」は大切。第一印象は非常に大切なので、この３要素はつねに心がけるようにしよう。

Q2 身だしなみのポイントについて、不適当と思われるものを一つ選びましょう。

A ①靴下の色は、白がシンプルでよい。

靴下の色は、スーツや靴の色になじむ黒やダークカラーがよい。髪で顔が隠れていると表情もわかりづらく、暗い印象になる。

Q3 OB・OG訪問のときの質問として、適当と思われるものを一つ選びましょう。

A ③「○○さんがこの会社に内定するまでのプロセスを教えていただけますか？」

①、②については、会話の過程でOB・OG側から触れることはあっても、あえて学生側から質問するのは失礼である。

Q4 電話のマナーとして、適当と思われるものを一つ選びましょう。

A ②留守番電話に「また改めてお電話します」という企業の担当者からのメッセージが入っていても、こちらからかけるようにする。

①相手が、忙しそうであっても挨拶言葉や名乗りはきちんと行う。③「いつもお世話になっております」はビジネス電話の慣用表現。

Q5 電話をかけるとき、相手の都合を確認する言葉として、適当と思われるものを一つ選びましょう。

A ③「ただ今、お時間はよろしいでしょうか？」

「ただ今、（お時間は）よろしいでしょうか？」と相手の都合を確認する。相手が忙しい場合は都合のいい時間を確認した上でお礼を言って電話を切る。

Q6 就活のEメールの件名について、適当と思われるものを一つ選びましょう。

A ②件名の文字数は、15字程度におさめるのがよい。

Eメールの件名の文字数は、15文字程度を目安にする。簡潔にメールの内容がわかるような件名にすること。本文では、1行の文字数を30文字程度に。

Q7 企業の人事部宛にEメールを送るときのポイントとして、適当と思われるものを一つ選びましょう。

A ①頭語と結語などは使用しないが、全体的に丁寧な表現にする。

手紙文と比較すると、簡潔に書くことがポイントのEメールではあるが、丁寧な表現で書くことがもちろん大切。顔文字や志望動機の使い回しは厳禁。

Q8 応募書類を送るときの手紙のマナーについて、不適当と思われるものを一つ選びましょう。

A ②「○○株式会社」などの会社名は、「○○（株）」と略して書く。

会社名は人の名前と同じものとして考える。（株）とは略さずに「株式会社」と書く。応募書類だけを送りつけるのは失礼なので、添え状も同封する。

Q9 会社説明会でのマナーについて、不適当と思われるものを一つ選びましょう。

A ③受付での書類などのやりとりは、渡すときは利き手で、受け取るときは両手で行うようにする。

書類などの受け渡しは、渡すときも、受け取るときも両手で行う。その際、コートやマフラー、バッグなどの荷物は足元に置くのがマナー。

Q10 会社説明会でのマナーについて、適当と思われるものを一つ選びましょう。

A ①会場に入ったら、積極的に前のほうの席に座る。

説明会では積極的に前のほうから座ること。適度な情報交換は大切であるが、開始直前まで話し込むなどはNG。質疑応答は自己アピールの場ではない。

8

就活マナー総合問題

Q11 会社説明会のときのマナーについて、適当と思われるものを一つ選びましょう。

A ③メモを取りながら、話をしている人事担当者のほうも見て聞くようにした。

メモを取ることだけに集中するのではなく、話している担当者のほうもきちんと見ながら話を聞こう。腕組みや足組みは偉そうな印象に見えるのでNG。

Q12 面接のときのおじぎのポイントについて、不適当と思われるものを一つ選びましょう。

A ①おじぎは、真剣さが伝わるように、真顔がよい。

おじぎをするときも、笑顔でいきいきとした表情で行う。また、しっかりとアイコンタクトを取り、首を曲げるのではなく、腰から折って行う。

Q13 敬語の使い方として、最も適当と思われるものを一つ選びましょう。

A ②「御社のホームページを拝見しました」

企業の人は目上なので、謙譲語と尊敬語を使う。「見る」の謙譲語は「拝見する」、尊敬語は「ご覧いただく」。この場合の主語は自分なので謙譲語を使う。

Q14 敬語の使い方として、最も適当と思われるものを一つ選びましょう。

A ②「お客さまがお見えになりました」

「お（ご）〜になる」という尊敬語表現。③の「お見えになられました」は「お見えになる」と「〜（ら）れる」とがミックスされた二重敬語であり誤用。

Q15 敬語の使い方として、最も適当と思われるものを一つ選びましょう。

A ②「母が申しておりました」

身内の人や社内の人の言動を伝えるときは「申します」などの謙譲語を使う。③の「おっしゃっていました」は、尊敬語にあたるので、この場合は適さない。

8-2

中級問題

Q1 エントリーシートのポイントについて、不適当と思われるものを一つ選びましょう。

①一文は、長くても100文字程度におさめるようにする。

②指定された文字数は、守るようにする。

③自分ならではの経験、エピソードを題材にして、飾らずに素直に書くようにする。

 解答

Q2 OB・OG訪問のために会社に電話をかけたら本人は不在でした。代わりに出た人への言葉として、適当と思われるものを一つ選びましょう。

①「何時頃にお戻りでしょうか?」と聞き、戻る頃に再度電話をすると言う。

②「お電話を差し上げたことだけお伝えいただけますでしょうか?」と言い、もう一度大学名、名前を伝える。

③「戻られましたらお電話をいただけますようお伝えくださいますでしょうか?」とお願いし、電話番号を伝える。

 解答

8

就活マナー総合問題

121

Q3 電話で、相手と自分の声が重なってしまったときの対応として最も適当と思われるものを一つ選びましょう。

①「恐れ入ります」と言い、自分が先に話す。

②どちらが先に話すかは、そのときのタイミングで決める。

③「失礼いたしました。どうぞ」と言い、相手に先に話してもらう。

Q4 企業宛に応募書類を出すときの送付状のマナーとして、不適当と思われるものを一つ選びましょう。

①送付状の頭語と結語は、「拝啓―敬具」を使う。

②手紙をパソコンで作成した場合は、氏名の箇所は手書きがよい。

③応募書類に志望動機を書けば、送付状の文中には、特に書かなくてもよい。

Q5 Eメールのマナーについて、不適当と思われるものを一つ選びましょう。

①Eメールは、緊急の用件の場合に適している。

②記号やローマ数字、半角のカタカナなどは文字化けするので使用しない。

③文の段落は手紙では1文字空けるが、Eメールでは1行空けるようにする。

解 答

Q6 Eメールのマナーについて、不適当と思われるものを一つ選びましょう。

①署名は、あらかじめ署名機能を使って、必要事項を登録しておくと便利である。

②重いデータ（容量の大きい）添付ファイルを送るときは、あらかじめ受信者に連絡をする。

③画面上で読むEメールは、紙の文書と比較して読みやすいので、文章を長めに書いても構わない。

解答 ☐

Q7 手紙のマナーについて、適当と思われるものを一つ選びましょう。

①応募書類を入れた封筒の裏には、氏名だけを書く。

②相手の住所は、郵便番号をきちんと記入し、都道府県、○○区などは省略する。

③送付状の日付と応募書類の日付は同じにする。

解答 ☐

Q8 会社説明会でのマナーについて、適当と思われるものを一つ選びましょう。

①質疑応答の際には、ほかに誰も手を挙げない場合は、何度も手を挙げて質問をするよう心がける。

②就活生にとって、説明会での質問の目的は、「聞きたいことや疑問点などをクリアにすること」ではなく、「質問をして自己アピールをすること」である。

③質問をするときは、大学名と名前を名乗り、回答してもらったらお礼を述べるようにする。

解答 ☐

Q9 会社説明会の会場でのマナーについて、適当と思われるものを一つ選びましょう。

①スーツの上着を脱いでいた場合は、会場（建物）の入口で着てから入るようにする。

②堂々と落ち着いた印象を与えるために、挨拶やおじぎなどを減らすようにする。

③説明会場の席に着いたら、説明会が始まる前の時間を使って、携帯電話の送受信に集中するようにする。

Q10 会社説明会後に配布されるアンケート用紙について、適当と思われるものを一つ選びましょう。

①無記名のアンケート用紙の場合は、何も書かずに提出して帰る。

②記名、無記名どちらのアンケート用紙でも、概ね記入し、提出して帰る。

③記名、無記名どちらのアンケート用紙でも、回答欄をすべて埋め、提出して帰る。

Q11 名刺のマナーについて、適当と思われるものを一つ選びましょう。

①もらった名刺は、その場でかばんのポケットに入れる。

②名刺は、両手で、胸の高さを保ちながら受け取るようにする。

③もらった名刺には、その日の日付などをその場で記入する。

解答

Q12 面接での振る舞い方について、適当と思われるものを一つ選びましょう。

①面接官に声が届くように、その場に適した大きな声で話すようにする。

②アイコンタクトが大切なので、面接官の目を終始見続け、目を離さないようにする。

③情緒が安定しているというアピールのために、話すときは表情をあまり変えないようにする。

解答

Q13 エレベーターのマナーについて、不適当と思われるものを一つ選びましょう。

①エレベーターの下座は、操作盤の前である。

②客をエレベーターで案内するときには「○階に参ります」と伝える。

③上司と一緒にエレベーターで移動する際、操作ボタンは上司が押す。

解答

Q14 言葉遣い「～のほう」の使い方として、適当と思われるものを一つ選びましょう。

①「大学のゼミのほうで学びました」

②「卒業論文のほうでもテーマにしております」

③「アルバイトよりもボランティア活動のほうに力を入れました」

解答

Q15 上司への言葉遣いとして、不適当と思われる
ものを一つ選びましょう。

①「部長、企画書は、ご覧いただけましたでしょうか?」

②「部長、企画書は、拝見いただけましたでしょうか?」

③「部長、企画書は、お目通しいただけましたでしょうか?」

解答 [　]

Q1
エントリーシートのポイントについて、不適当と思われるものを一つ選びましょう。

A ①一文は、長くても100文字程度におさめるようにする。

一文は、長くても40〜50文字程度を目安にすると読み手が読みやすい。指定された文字数は基本的に守ること。飾らずにいきいきとした文章を書こう。

Q2
OB・OG訪問のために会社に電話をかけたら本人は不在でした。代わりに出た人への言葉として、適当と思われるものを一つ選びましょう。

A ①「何時頃にお戻りでしょうか？」と聞き、戻る頃に再度電話をすると言う。

こちらからかけたこと、また、相手は目上であるということから、戻りの時間にかけ直すほうがよい。「折り返しの電話」を依頼しないように。

Q3
電話で、相手と自分の声が重なってしまったときの対応として最も適当と思われるものを一つ選びましょう。

A ③「失礼いたしました。どうぞ」と言い、相手に先に話してもらう。

電話で相手と声が重なったら、相手に譲るようにする。重ならないよう相手の話を最後までよく聞くことも重要。

Q4
企業宛に応募書類を出すときの送付状のマナーとして、不適当と思われるものを一つ選びましょう。

A ③応募書類に志望動機を書けば、送付状の文中には、特に書かなくてもよい。

応募書類に志望動機を書いていても、送付状にも簡単でよいので書くと意気込みが伝わりやすい。

Q5
Eメールのマナーについて、不適当と思われるものを一つ選びましょう。

A ①Eメールは、緊急の用件の場合に適している。

メール内容は相手が確認するまで伝わらないので緊急時には適さない。ただ、日時などについては口頭だけでなく、Eメールでも連絡しておきたい。

Q6 Eメールのマナーについて、**不適当**と思われるものを一つ選びましょう。

A ③画面上で読むEメールは、紙の文書と比較して読みやすいので、文章を長めに書いても構わない。

Eメールでは、読み手のことを考え、空白行を入れたり、1行あたりの文字数を30文字程度にするなどの工夫を加え、簡潔に書くようにする。

Q7 手紙のマナーについて、**適当**と思われるものを一つ選びましょう。

A ③送付状の日付と応募書類の日付は同じにする。

送付状と応募書類の日付が異なっていたり、入れ忘れていたりすると、使い回しであると判断されてしまう場合があるので、注意が必要。

Q8 会社説明会でのマナーについて、**適当**と思われるものを一つ選びましょう。

A ③「質問をするときは、大学名と名前を名乗り、回答してもらったらお礼を述べるようにする。

質問をするときはきちんと名乗り、回答してもらったらお礼を言う。質疑応答の時間は自分だけの時間ではないので、再度の質問は雰囲気を考慮して行う。

Q9 会社説明会の会場でのマナーについて、**適当**と思われるものを一つ選びましょう。

A ①スーツの上着を脱いでいた場合は、会場（建物）の入口で着てから入るようにする。

②のように、挨拶やおじぎをしないことが堂々と落ち着いた印象を与えることにはならない。謙虚で礼儀正しい態度こそが大切。

Q10 会社説明会後に配布されるアンケート用紙について、**適当**と思われるものを一つ選びましょう。

A ③記名、無記名どちらのアンケート用紙でも、回答欄をすべて埋め、提出して帰る。

アンケート用紙の項目は、記名、無記名にかかわらず、すべてきちんと記入し、提出するのがマナー。

Q11 名刺のマナーについて、適当と思われるものを一つ選びましょう。

A ②名刺は、両手で、胸の高さを保ちながら受け取るようにする。

名刺は相手の分身。両手で、胸の高さを保って丁寧に持つ。無造作にかばんのポケットに入れたり、相手の目の前で名刺に書き込んだりはしないこと。

Q12 面接での振る舞い方について、適当と思われるものを一つ選びましょう。

A ①面接官に声が届くように、その場に適した大きな声で話すようにする。

面接官に届く、適度な声ではきはきと話す。アイコンタクトは大切であるが、あまり見続けると相手は圧迫感を感じるので、時折、口元などを見たりする。

Q13 エレベーターのマナーについて、不適当と思われるものを一つ選びましょう。

A ③上司と一緒にエレベーターで移動する際、操作ボタンは上司が押す。

エレベーターの下座は操作盤の前なので、操作ボタンは、目下の人が押す。上司、客に押させたりしないように。

Q14 言葉遣い「～のほう」の使い方として、適当と思われるものを一つ選びましょう。

A ③「アルバイトよりもボランティア活動のほうに力を入れました」

「のほう」は、「AよりもBのほうが速い」などの比較や「北のほうへ歩いて行った」などの方角を表すときなどに使う。

Q15 上司への言葉遣いとして、不適当と思われるものを一つ選びましょう。

A ②「部長、企画書は、拝見いただけましたでしょうか？」

「拝見する」は「見る」の謙譲語で、自分が主語の場合に使う。主語が部長の場合は間違い。「ご覧いただく」「お目通しいただく」は、尊敬語として正しい。

8-3

上級問題

Q1
文化審議会「敬語の指針」による敬語5分類のうち、「お酒」「お料理」「お花」などの敬語の名称として、適当と思われるものを一つ選びましょう。

① 丁寧語

② 美化語

③ 謙譲語

Q2
取引先での商談中に、あなたと同席している上司の川端部長の話を受け、相手に伝えるときの言葉遣いとして、適当と思われるものを一つ選びましょう。

①「ただ今、川端が申したように〜」

②「ただ今、部長が申しましたように〜」

③「ただ今、川端部長が申しましたように〜」

Q3 先輩からの指導に対するお礼の言葉遣いとして、適当と思われるものを一つ選びましょう。

①「大変参考になりました。ありがとうございます」

②「大変勉強になりました。ありがとうございます」

③「大変的確なアドバイスをありがとうございます」

解答 ☐

Q4 取引先での会議開始前の資料配布後の言葉遣いとして、適当と思われるものを一つ選びましょう。

①「お手元の資料は、お揃いになりましたでしょうか？」

②「お手元の資料は、揃いましたでしょうか？」

③「お手元の資料は、揃われましたでしょうか？」

解答 ☐

Q5 田中部長の家族から会社に電話がありました。外出中の部長の代わりに電話に出た部下の言葉遣いとして、適当と思われるものを一つ選びましょう。

①「ただ今、田中は、席を外しております」

②「ただ今、田中部長は、席を外しております」

③「ただ今、田中部長は、席を外していらっしゃいます」

解答 ☐

Q6 電話では、復唱確認が重要です。次は、取引先の岡田部長から外出中の田中部長宛にかかってきた電話に、部下であるあなたが代わりに出たときの会話です。（　）の中に当てはまるあなたの言葉として、適当と思われるものを一つ選びましょう。

岡田部長：「明日、田中様がこちらにお越しくださるお時間を午後1時から3時に変更していただくことが可能かどうかとお伝えください」

あなた： かしこまりました。（　　　　　　　）

①「明日、田中がそちらに伺うお時間のご変更が可能かどうかということでございますね」

②「明日、田中がそちらに伺う時間を午後1時から3時に変更が可能かどうかということでございますね」

③「明日、田中はそちらに午後3時に伺います」

解答 ☐

Q7 ビジネス文書には、社内文書と社外文書があります。次の文書の中で、一般的に、社外文書はどれか、適当と思われるものを一つ選びましょう。

①礼状

②通達

③稟議書

解答 ☐

Q8 社内の「第一営業部」の全員に向けて出す文書の場合、その敬称について、適当と思われるものを一つ選びましょう。

① 第一営業部各位

② 第一営業部御中

③ 第一営業部宛

解答 [　]

Q9 手紙文には、時候の挨拶を用います。下記の時候の挨拶は、何月に使用すべきものであるか、適当と思われるものを一つ選びましょう。

「拝啓　麦秋の候、貴社ますますご清栄のこととお喜び申し上げます。」

① 2月

② 6月

③ 11月

解答 [　]

Q10 次の手紙文の太字部分の意味として、適当と思われるものを一つ選びましょう。

「**万障お繰り合わせのうえ**、ご来臨賜りますようお願い申し上げます。」

① 何かと多用かも知れませんが、都合をつけて、

② 何かと気に障るかも知れませんが、気持ちを和らげて、

③ さまざまな憶測が飛び交いますが、気にせずに、

解答 [　]

8

就活マナー総合問題

Q11 封筒の表に書く「親展」とはどのような意味か、適当と思われるものを一つ選びましょう。

①親しみを込めて

②両親が開封してください

③本人が開封してください

解答 [　]

Q12 西尾部長宛に、取引先から、祝賀パーティーへの招待状が届きましたが、あいにく、西尾部長には当日、半年前からの先約が入っています。あなたが、西尾部長の指示で、欠席の返信はがきを出すタイミングについて、適当と思われるものを一つ選びましょう。

①指示されて、4〜5日経過してから出す。

②返事の締め切り日の直前に出す。

③指示されてからすぐに出す。

解答 [　]

Q13 名刺のマナーについて、適当と思われるものを一つ選びましょう。

①名刺交換後、相手の名刺の名前の読み方がわからなかったので、帰り際に聞いた。

②名刺を見てもらえればわかるので、名乗らずに笑顔で相手に渡した。

③名刺交換後の商談中、相手の名刺が書類などと触れて落ちたりしないように、自分の身体の正面には置かないようにした。

解答 [　]

Q14 新入社員のあなたは、中山部長、荒井課長と一緒に3名でマイナビ商事を初めて訪問しました。先方も、部長、課長、新入社員の3名が応対しました。あなたが最初に名刺交換をすべき人は誰か、適当と思われるものを一つ選びましょう。

自社側：中山部長、荒井課長、あなた(新入社員)
マイナビ商事側：部長（A）、課長（B）、新入社員（C）

① 部長A

② 課長B

③ 新入社員C

解答 ☐

Q15 タクシーの席次で、上座を1とし、以下を2、3、4と順番に並べたものとして、適当と思われるものを一つ選びましょう。

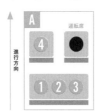  

① A

② B

③ C

解答 ☐

解答&解説

Q1 文化審議会「敬語の指針」による敬語5分類のうち、「お酒」「お料理」「お花」などの敬語の名称として、適当と思われるものを一つ選びましょう。

A ②美化語

外来語（×おビール）や動植物（×お猫）、公共物（×お学校）、自然現象（×お地震）などにはつけない。

Q2 取引先での商談中に、あなたと同席している上司の川端部長の話を受け、相手に伝えるときの言葉遣いとして、適当と思われるものを一つ選びましょう。

A ①「ただ今、川端が申したように～」

取引先（客）の前では、たとえ上司が社長であろうとも自社側の人は呼び捨てである。部長などの敬称をつけて呼ぶことも敬う表現になるので避ける。

Q3 先輩からの指導に対するお礼の言葉遣いとして、適当と思われるものを一つ選びましょう。

A ②「大変勉強になりました。ありがとうございます」

①も③も間違いではないが、目上の人に対する言葉選びへの配慮がほしい。③は自分が先輩を評価しているような印象を与えてしまう。

Q4 取引先での会議開始前の資料配布後の言葉遣いとして、適当と思われるものを一つ選びましょう。

A ②「お手元の資料は、揃いましたでしょうか？」

取引先が手に取ったものであっても、ものは人格ではないので、①や③のように尊敬語を使わない。

Q5 田中部長の家族から会社に電話がありました。外出中の部長の代わりに電話に出た部下の言葉遣いとして、適当と思われるものを一つ選びましょう。

A ③「ただ今、田中部長は、席を外していらっしゃいます。」

社外の人であっても、相手が田中部長の家族の場合には、田中部長を敬った表現にする。

Q6 電話では、復唱確認が重要です。次は、取引先の岡田部長から外出中の田中部長宛にかかってきた電話に、部下であるあなたが代わりに出たときの会話です。(　)の中に当てはまるあなたの言葉として、適当と思われるものを一つ選びましょう。

岡田部長：「明日、田中がそちらに伺う時間を午後１時から３時に変更が可能かどうかということでございますね」

あなた：　かしこまりました。(　　　　　)

A ②「明日、田中がそちらに伺う時間を午後１時から３時に変更が可能かどうかということでございますね」

日時の変更はビジネスにおいては重要な部分。間違った情報を伝えて、双方に迷惑をかけることのないよう、略さずにきちんと復唱確認をする。

Q7 ビジネス文書には、社内文書と社外文書があります。次の文書の中で、一般的に、社外文書はどれか、適当と思われるものを一つ選びましょう。

A ①礼状

通達（上層部から社員層への命令文書）や稟議書（社員層から上層部への提案文書）は、社内を流通する「社内文書」である。

Q8 社内の「第一営業部」の全員に向けて出す文書の場合、その敬称について、適当と思われるものを一つ選びましょう。

A ①第一営業部各位

「各位」は「みなさんへ」という意味の敬称。社内文書でも社外文書でも使用する。「御中」は社外には使用するが、社内では使用しないのが普通。

Q9 手紙文には、時候の挨拶を用います。下記の時候の挨拶は、何月に使用すべきものであるか、適当と思われるものを一つ選びましょう。

「拝啓　麦秋の候、貴社ますますご清栄のこととお喜び申し上げます。」

A ②6月

麦秋は、秋と誤解されやすいが、６月である。麦を刈り入れる初夏の頃を言う。

Q10 次の手紙文の太字部分の意味として、適当と思われるものを一つ選びましょう。

「万障お繰り合わせのうえ、ご来臨賜りますようお願い申し上げます。」

A ①何かと多用かも知れませんが、都合をつけて、

ビジネス文書の慣用表現として覚えておきたい。

Q11 封筒の表に書く「親展」とはどのような意味か、適当と思われるものを一つ選びましょう。

A ③本人が開封してください

重要書類で宛名本人のみに開封してほしい場合などに使用する。クレジットカードの明細書などにも記載されている。

Q12 西尾部長宛に、取引先から、祝賀パーティーへの招待状が届きましたが、あいにく、西尾部長には当日、半年前からの先約が入っています。あなたが、西尾部長の指示で、欠席の返信はがきを出すタイミングについて、適当と思われるものを一つ選びましょう。

A ③指示されてからすぐに出す。

返信はがきは、早いほうが相手は助かるもの。出席、欠席にかかわらず、なるべく早く通知（投函）するのがマナー。

Q13 名刺のマナーについて、適当と思われるものを一つ選びましょう。

A ③名刺交換後の商談中、相手の名刺が書類などと触れて落ちたりしないように、自分の身体の正面には置かないようにした。

相手から受け取った名刺は、右側に置くことが多い。正面に置くと、手が触れたり、書類が触れたりして名刺を床に落としてしまうことがある。

Q14 新入社員のあなたは、中山部長、荒井課長と一緒に3名でマイナビ商事を初めて訪問しました。先方も、部長、課長、新入社員の3名が応対しました。あなたが最初に名刺交換をすべき人は誰か、適当と思われるものを一つ選びましょう

自社側：中山部長、荒井課長、あなた（新入社員）
マイナビ商事側：部長（A）、課長（B）、新入社員（C）

A ①部長A

必ず、上位者から渡していく。時間がかかるとしても、空いている人からどんどん渡していけばよいということではないので、注意が必要。

Q15 タクシーの席次で、上座を1とし、以下を2、3、4と順番に並べたものとして、適当と思われるものを一つ選びましょう。

A ②B

乗り物で3人掛けの場合、真ん中の席が3番目。理由は座りにくいから。一方、応接室の3人掛けのソファは、入口から最も遠い場所が上座になる。

MEMO

I

就活Q&A

－総合マナー編－

学生からのよくある
「就活マナー」についての疑問や悩み。
ここでは総合的な
就活マナーについて回答します。

Q1 企業からの返信メールにお礼は必要？

Q マイナビなどの就職情報サイトや企業のホームページなどからエントリーしたら「エントリーを受け付けました。ありがとうございました」などのメールが送られてきました。きちんとお礼のメールを出したほうがよいでしょうか？

A このようなメールに対してのお礼をメールや手紙で送り返す必要はありません。企業側もこれらはコンピューターによる自動処理で送信しているでしょうし、多くの学生から返信メールが来ることは事務作業が増えることにもつながり、歓迎されないでしょう。同様に、資料請求をしていた企業から会社案内が送られてきた場合でも、お礼状のようなものを送り返す必要はありません。

Q2 目上の人へのメールの書き方を教えてください。

Q 志望業界があり、父に相談したところ知り合いを紹介してもらえることになりました。先方はメールでのやりとりを希望しています。しかし私は今まで目上の人にメールを書いたことがなく、どのように書けばよいのかわかりません。

A 通常、メールは手紙のように時候の挨拶などはいらず、単刀直入に書けばよいと言われていますが、この場合はそれにはあてはまらないでしょう。ぶしつけなメールで相手が不快感を覚えるといったケースをよく聞きます。注意点を挙げていくと、まず気をつけなくてはいけないのは「タイトル」です。先方がビジネスユースのアドレスの場合、いろいろなメールが来ます。売り込みのメールなどの

場合もあります。大体タイトルを見て開ける優先順位を決めますから、タイトルに「○○の息子（娘）の○○です」などとそのメールを送ったのが誰かわかるようにしておくとよいでしょう。あとはビジネス文章の書き方と同じで、「お忙しい中、お会いする機会を作っていただきありがとうございます」などの文章を入れるとよいかと思います。

Q3 「お返事箱」に届いたメールに返事をすることはできる?

Q エントリー後、マイページの「お返事箱」に企業から返信メールが届きましたが、この返信メールに対してお礼のメールを送るにはどうすればよいのですか?　直接電話でお礼をしたほうがよいのでしょうか?

A 「お返事箱」は、企業がマイナビのシステムを利用して返信メールを送るものです。ですから通常のメールとは異なり、送信者のアドレスが存在しないので、これに返信することはできません。お礼の気持ちを伝えたいというのはわかりますが、だからといってエントリーした大勢の学生一人ひとりがメールや電話をしたのでは、人事担当者はその対応に追われて、通常の業務が滞ってしまいます。この場合は、むしろお礼の電話やメールなどはしないほうがいいでしょう。

Q4 質問の返信にお礼のメールは送ったほうがよい?

Q エントリー時に意見や質問を書く欄があり質問を書いたのですが、後日人事の方からその

質問に対して個人アドレスにメールで回答をいただきました。質問をして返事が返ってきたことは初めてだったので、お礼のメールを送ろうと思いましたが、人事の方はきっとほかの学生にも同じように対応していて忙しいと思うと、メールを送るのが逆に迷惑なような気がしてためらわれます。こういった場合、返信はするべきなのでしょうか？

A 人事の方から送られてくるメールの中でも、エントリー者全員に送られてくる受信確認メールに対してはお礼のメールを返送する必要はないと思います。人事担当者の方はたくさんのメールに対応していますので、場合によっては迷惑になる可能性もあるかもしれません。ただ、今回のようにあなたの質問に対して個別に返答をしてもらった場合は、それだけ手間をかけてくれているわけですから、当然お礼のメールを返信するべきでしょう（もちろん返信する行為が重要なわけではなく、返信したいと思うあなたの気持ちが重要なのです）。

Q5 フリーメールアドレスを使ってもよい？

Q 企業との連絡を取るEメールアドレスはフリーメールアドレスでもよいのでしょうか？

A フリーメールアドレスでも問題はないでしょう。むしろ、就職活動中にアドレスが変わらないように、初めからフリーメールアドレスを使っている人も少なくありません。ただし、フリーメールは保存できる容量などに制限があるので、大事なメールが届かないという問題が起きることもあります。また大量のメールに紛れて見逃してしまう、などの問題が起きないように、こまめなメンテナンス

が必要となります。

Q6 メールで会社訪問のお願いをしましたが、返事が来ません。

Q 現在選考中の会社に、会社訪問のお願いをメールでしました。けれども返信がありません。もうすぐ二次面接なのですが、再度こちらから問い合わせてみてもよいのでしょうか？

A 企業によっては、個別の会社訪問を受け付けていない場合もあります。まずは、ホームページにそのような記載がないかを確認してください。もし、そのような記載があったならば、残念ですが会社訪問は断念せざるを得ないでしょう。また、企業にしてみれば、ホームページに掲載してあるような内容に関する問い合わせに対して、いちいち対応することができないのが実情です。メールの返事が来なかったのも、そんな事情があったのかもしれませんね。逆に、そういった記述がないのであれば、メールではなく、電話でお願いしてみるとよいと思います。ただし、会社訪問は企業研究の一環として行うべきものですから、本来は選考が始まる前に済ませておきたいもの。なぜ一次面接通過後になって会社訪問をしたいと思ったのか、その理由も明確にしておいたほうがよいでしょう。

Q7 会社訪問のお願いの返事が来ませんでした。確認の連絡をこちらからすべき？

Q 会社訪問をメールでお願いしました。「希望日を教えてください」と返事が来たので、第1希望から第5希望日までを書いてお返事しました。

ところが、希望日前になってもまったく音沙汰なしです。返事を出してから、もう2週間以上経ってしまいました。今では、その企業にまったくといっていいほど興味がなくなってしまっているので、今さら連絡を取っても気まずいだけのような気がします。気まずくても、"メールの後に連絡をしなかったお詫び"と、"正直な気持ち"を封書で送るべきですか?

A 「封書」で送る必要はないと思いますが、今後、その企業と自分がどこで関わりを持つかわからないので、このままほうっておくのもよくないでしょう。連絡が来なかったのには、もしかしたら希望日を書いたあなたのメールが、なんらかの理由で、企業に届いていていなかったという場合も考えられます。もうすでにその企業に対する興味がなくなってしまったのであれば、確認も兼ねて選考辞退の旨を電話で伝えてみてはいかがでしょうか? その際、申し訳ないという気持ちと、自分の志望が変わってしまったということを伝えることができれば問題はないでしょう。

Q8 名刺を出すべきでしょうか?

Q 名刺を作ったのですがOB・OG訪問の際出すべきでしょうか?

A 名刺の受け渡しマナーがわかっていればいいのでしょうが、わかっている学生さんは少ないと思いますので、あまりお勧めはできません。先方からいただく場合は交換するといいと思います。名刺を交換するからには正しいマナーを身につけましょう。

Q 会社を呼ぶときに「御社」とか「貴社」とか「弊社」とかいろいろ登場してくるのですが、使い分けができません。

A 「御社」「貴社」「弊社」の違いは以下の点にあります。「御社」― 面接やOB・OG訪問など会話の際に相手の会社を丁寧に言う場合に使う。「貴社」― 履歴書やエントリーシートなど書面上で相手の会社を書く場合に使う。「弊社」― その会社に勤める人が自社をへりくだって称するときに使う。慣れてくると違和感なく使えるようになります。

Q10 企業に電話する際に気をつけることを教えてください。

Q 企業に電話する際に気をつけるべきことは何でしょうか？

A 学生の電話のマナーが悪くなっているという意見をよく企業の方から聞きます。ポイントとなるのは、敬語の使い方です。よく何でも「御」をつければよいと思い、間違った使い方をしている場合があります。謙譲語、尊敬語など今一度復習しておきましょう。また、前置きの言葉も大事ですし、かけた本人がまず名乗るということが基本ですので、その点も気をつけましょう。シナリオのようなものを用意しておき、誰かに相手になってもらい、練習しておきましょう。

Ⅰ

― 総合マナー編 ―

Q11 相手団体の呼称を教えてください。

Q 銀行は「御行（おんこう）」、公庫は「御公庫」「御庫」、信用金庫は「御金庫」、信用組合は「御組合」と呼ぶのが基本と聞きますが、会計事務所はなんと呼ぶのでしょうか？　また財団法人への志望動機を書く際も、御社と書いてもいいのですか？

A 会計事務所に対しては「御所（おんしょ）」や「御事務所」と呼びます。「御所」はあまり言い慣れない表現ですので、わかりやすく「御事務所」と呼ぶほうがよいと思います。また、企業の面接のときなどは「御社」と言いますが、財団法人をはじめとする公益法人は会社ではないので、「御社」という呼び方はしません。たとえば「財団法人○○会」という場合には、「御会」という呼び方となります。このほか、「社員」ではなく「職員」、「本社」でなく「本部」、「支社」でなく「支部」、と表現します。これらはすべて、公益法人ならではの呼び方です。

Q12 面接官へのお礼状ってどこに出すの？

Q 先日受けた会社の面接官にお礼状を出したいのですが、名前などを知りません。人事部宛でよいのでしょうか？

A 面接官に対するお礼状は特に必要ありません。しかし、どうしても出したい場合（かつ名前がわからない場合には）「新卒採用ご担当様」でよいのではないでしょうか。しかし、面接官が採用担当者であるとは限らないので（部長であったりする場合もあります）、お礼状を出したとしても、面接を担当した方に届くとは限りません。また、リクル

ーターには出したほうがいいのではということもありますが、名刺などをいただいた際にはＥメールなどでのお礼でよいと思いますよ（出さなくても問題ありません）。

Q13 封筒の宛先について

Q 企業が指定するエントリーシートの送付先が「株式会社〇〇　××係宛」となっているときはどのように書き直して送ればいいんでしょうか？

A 「宛」を二重線で消し、「株式会社〇〇　××係御中」にしましょう。「御中」は、会社・団体など個人名以外の宛名の下に添える語です。

Q14 筆記試験の日程変更のお願いについて

Q 面接と他社の筆記試験の日程が重なってしまいました。面接のほうを優先させたいのですが、筆記試験の日程変更をお願いすることは可能でしょうか？　また、その場合メールで連絡してもいいのでしょうか？

A 筆記試験の日程がほかにもある場合などは変更が可能かもしれません。早めに連絡をしてみましょう。その際、「〇月〇日の筆記試験の予約をしております〇〇ですが」と言えば、問い合わせもスムーズにできるかと思います。手段はメールでも構わないと思いますが、日程が迫っている場合には、電話のほうが早く、話も伝わりやすいと思います。

人事部の方が2人いるときの宛名について

Q 資料請求をしようと思ったのですが、宛名に
人事部の方2人の名前があり、書き方がわかりません。上下にするのか並列にするのか、もしくは一人だけにするのか教えてください。

A 2人分書く必要はなさそうですね。どちらか
一方を選ぶか、「人事部採用担当者様」または
「人事部採用係御中」でよいと思います。資料請求とわかるように、左側に朱書きで「資料請求」と書いておくとよいでしょう。

 資料請求の時期が過ぎてから資料を請求するのは失礼にあたる？

Q 資料請求時期には請求しなかったのですが、
今になって興味のある企業が出てきました。資料請求のタイミングから外れた時期に資料請求をするのは失礼なのでしょうか。また、選考の日が近づいている場合、請求するのは印象が悪いのでしょうか？

A 資料の請求時期は、あくまでも就職活動をス
ムーズに進めていくための目安であって、必ずしも、それまでに資料請求をしなければならないというわけではありません。採用スケジュールは企業によって異なります。あなたの志望する企業が、今でもエントリーを受け付けているのなら、何も問題はありません。その点を自分できちんと調べてみましょう。もちろん、選考の日が近づいていてもOKです。

Q17 店舗見学はどのような服装ですればよいのでしょうか?

Q 百貨店やその他小売業を志望している場合、店舗見学をしたほうがいいと聞きますが、どのような服装でどのような点に注意したらよいのでしょうか?

A 店舗見学は、店舗を見て回る程度であれば私服で大丈夫です。店員さんにお話を伺ったり、案内してもらったりといったことを希望されるのであれば、就活用スーツがよいと思います。この場合、事前にアポイントを取っておいたほうが確実ですね。

Q18 志望企業への問い合わせの仕方について

Q 志望企業の採用情報サイトに、住所と電話番号が載っていて、問い合わせるように書いてあります。この場合、電話で問い合わせるのか、封書で問い合わせるのか、また、電話なら何を言えばいいのか、どのようにすれば失礼にならないのか、封書なら資料を送ってもらうための返信用封筒なども同封するのか、などさまざまなことがわかりません。

A 問い合わせ先に電話や郵送で必ず何かを問い合わせる必要はありません。エントリーなどについてはその方法(マイナビを使う、企業サイトから行うなど)も明記されていると思いますので、そちらに従うのがいいでしょう。応募に関してどうしても聞きたいことがある場合は、問い合わせてもいいでしょう。返信用封筒の同封は特に必要ありません。

Q19 名刺を作ってみたもののいつ渡せばよいのでしょうか?

Q 就職活動をするために、名刺を作ったほうがよいという話を聞き、作ってみたのですが、名刺を渡すタイミングがわかりません。セミナーが終わったあとに、担当の人に渡しに行ったりすればよいのですか? それとも、セミナーの段階で名刺を渡すのは、まだ早過ぎますか?

A 基本的には、名刺は選考段階ではまったく要らないものです。セミナーで名刺を渡されても、採用担当者は戸惑うだけでしょう。ましてや、セミナーのあとの面接で、名刺を渡す場面はありません。ただ、OB・OG訪問の際などには役に立つかもしれません。

Q20 教育実習を休んで企業の選考試験に行ってもよいですか?

Q 教育実習と企業の選考日程が重なってしまいそうです。私の希望は一般就職なので、志望企業の選考試験のほうが断然大切なのですが、実習を休んででも行ってよいものなのでしょうか? 実習先にも失礼にあたるとは思うのですが。

A 先輩たちは、教育実習に選考があたってしまう企業は涙ながらにあきらめていたようです。実習先に失礼であると同時に、教育実習中はその余裕もなかったとのことです。また、実際に教育実習を休むことは可能なのでしょうか? 休んだことによって大学(や後輩など)に迷惑がかかったりするのではないでしょうか? そのあたりをよく考え、就職課などに確認してみましょう。また、企業によ

っては、選考日程の変更が可能かもしれません。ど
うしても受けたい気持ちがあるのでしたら先方に相
談してみましょう。

Q21 セミナー案内の電話の受け答えが合否にか
かわる?

Q 企業からのセミナー案内の電話がかかってき
ました。寝起きだったのでぼんやりとした回
答で声も低く、そばで聞いていた親から「無愛想に
聞こえるよ。企業からの電話は面接と一緒だから、
ちゃんと愛想よく答えなさい!」と言われてしまい
ました。セミナー案内の電話は面接と同じなのでし
ょうか? 無愛想に出たために、合否に影響が出て
くるのでしょうか?

A 突然、覚えのない会社から「セミナーに参加
してほしい」という旨の電話がかかってくる
ような場合には、会社によりますが、セミナー案内
の業務を専門の会社に外注している場合が多いの
で、合否に関係する可能性は低いです。しかし、実
際に採用する企業の人事担当者が電話をかけている
ときには、やはり電話での受け答えも合否に影響し
てくるでしょう。つまらないことで印象を悪くしな
いためにも、ハキハキと受け答えできるように、常
に心がけておきましょう。

WEB面接は、スマホ使用でもよい？

Q 一人暮らしで自宅にパソコンがなく、大学のWEB授業も全てスマホで受講しています。WEB面接もこのままスマホ使用で受けることを考えていますが、スマホ使用だと不利になったりしないでしょうか？

A カメラ、マイクの機能が問題なく使えればOKです。大事なのは、通信環境の良し悪しです。通信環境が悪ければ、通信トラブルによる切断も想定されるからです。また、スマートフォン（タブレット等も同様）使用の場合は、目線の高さに合わせてしっかりと固定しておきましょう。そして、「映り方」「音量・音質」の事前確認もしましょう。いずれにしても、企業側が指定するWEB面接用ツールをスマートフォンにインストールし、アカウント登録をしておくことも必要です。使用ツールにより手順も異なりますので、面接前に一度操作してみて、使い方を予習しておくとよいでしょう。登録に意外に時間がかかってしまったり、ログインしたものの自分が映らなかったり等、面接直前に焦らないように余裕をもって準備しましょう。

II

就活Q&A

－身だしなみ編－

学生からのよくある
「就活マナー」についての疑問や悩み。
ここでは就活時の
身だしなみについて回答します。

Q1 就活用スーツはいつまでに用意すべき?

Q 就活用スーツはいつ頃までに買ったらいいの
でしょうか?

A 就活用スーツはOB・OG訪問やオープンセミ
ナーが始まる頃までに用意しなければなりま
せん。業種によってセミナーの時期は違いますので、
自分の志望企業の日程をよく確認して用意するのが
よいでしょう。シーズン前には、デパートや紳士服
専門店、大学生協などでキャンペーンを行うところ
が多いので、その時期に買いに行くと、豊富な品揃
えのなかから選べるのでお勧めです。

Q2 スーツの一番下のボタンについて

Q 3つボタンスーツの一番下のボタンは開けな
いといけないのですか? 店で試着したとき
などに、よく言われます。

A 3つボタンスーツに限らず、スーツ、ジャケ
ットの一番下のボタンははずすのが常識とな
っています。すべてのボタンを留めたままですと、
シワになってしまい、動きにくいですよ。

Q3 「スーツ厳禁!」のセミナーには何を着ていけ
ばよいの?

Q ある会社のセミナーの予約をしたのですが、
「当日の服装は私服(スーツ厳禁!)」と書か
れていました。本当に私服で行っても大丈夫でしょ

うか？

A 自分の私服に対して自信のない方には、就活用スーツをお勧めしますが、今回のように「厳禁！」とまで書かれている場合は、私服のほうがいいでしょう。しかし、いくら私服を指定されたからといって、穴のあいたジーンズによれよれのトレーナー姿のような、あまりにもラフ過ぎる服装はNG。相手に対して失礼ですし、TPOをわきまえない人間、という印象を与えてしまう可能性があります。企業のセミナーという公の場で、相手に対して失礼のない服装である、と自信を持って言えるような格好で行きましょう。

(Q4) 入学式のスーツで就職活動してもいい？

Q あまりお金がないので、スーツを新調せずに入学式のものを着用しようと思っています。大丈夫でしょうか？

A 入学式に着たスーツが、どんなスーツかによって回答も異なってきます。たとえば、紺、グレーなど無難なカラーで、状態がいいものでしたら就活用として使用できますが、パンツがテカっていたり、生地が傷んでいてシワの取れにくいスーツなどは、多くの人と接する就職活動において、不向きと言わざるを得ません。また、あなたの就職活動のスタイルによっては、就活専用スーツを用意したほうが便利です。 業種を絞って少数の企業しか受けない場合でしたら、1着でも十分間に合いますが、1日2～3社というように多くの企業を訪問する場合は、スーツの使用頻度が高く、生地も傷みます。

Q5 エントリーシートを取りに行くだけでもスーツで
行ったほうがよいでしょうか?

Q エントリーシート(ES)を直接企業まで取り
に行く形式の場合、気をつけることは何です
か。説明会などはなく、ESを配布するだけのよう
です。服装は、やはりスーツのほうがよいのでしょ
うか? 出向いた際にも、服装や態度をチェックさ
れると聞きました。

A ESを貰いに行くだけでしたらスーツで行く必
要はないとは思いますが、普段の服装があま
りにもビジネスシーンとかけ離れている場合はスー
ツで行ったほうがよいでしょう。常に見られている
という緊張感は大事です。態度はチェックされます。
帽子をかぶったまま、挨拶をしない、受け取るとき
にお礼も言わないなど、失礼な態度をとってしまっ
ては、その企業への志望度を疑われます。気をつけ
ましょう。

Q6 ワイシャツの色について

Q 就職活動をする場合、シャツの色は白が常識
と聞きます。実際のところ、どうなのでしょ
うか? 色の薄いシャツ(薄い灰色や薄い黄色、薄
い青など)はだめなのでしょうか?

A セミナーの段階ではさほど問題はありません
が、面接や筆記試験までいくとワイシャツの
色は白の人の割合が増えます。面接会場ではさらに、
白の人が多いですね(一部のアパレル系や外資系企
業では白以外の人も見かけます)。もし、これから
シャツを購入されるのであれば、白が一番無難であ
ることは間違いないようです。

Q7 黒のスーツは嫌われる?

Q 黒のスーツは業種によっては嫌われると聞きましたが、これは本当ですか?

A そのようなことはありません。黒のスーツで活動している人は多いです。業種によってというよりは、暗い色であるために面接官によっては暗く地味な印象を持たれてしまう恐れもあるということでしょう。黒が好きなら個性として黒のスーツを選ぶもよし、暑いシーズンの活動も想定して紺やグレーを選ぶのもよいのではないでしょうか。

Q8 ワンピースのスーツは着てもよい?

Q 就職活動のスーツは、ワンピースでもよいですか? 入学式のとき、購入したのですが、品質も高く、状態もよいスーツです。色は、こげ茶にグリーンの光沢が入ったようなきれいなスーツです。

A あなたがどういった企業を受けるのかにもよりますが、就職活動では連日のようにスーツを着ますので、大切に着ていても自然と生地は傷みますし、状態も悪くなってしまいます。そういった意味から、品質の高い素敵なスーツを就職活動で着るのは、少々もったいないような気がします。またスーツの色と形については、多少変わった色であっても、ワンピースであっても、相手に不快感を与えなければ構わないと思いますが、やはり一般的な就活用スーツが無難ではないでしょうか。

Q9 はき慣れないスカートを無理してもはいたほう
がよい?

Q 普段スカートをあまりはきません。それでも
就職活動中は、パンツスタイルよりもスカー
トを着用したほうがよいのでしょうか?

A スーツはパンツでもスカートでもどちらでも
問題ありません。パンツスーツでも大丈夫で
すが、「パンツスーツで大丈夫だろうか?」という
心配する気持ちがあるのならば、面接官にその不安
な表情や態度が伝わってしまうかもしれません。
心配であればスカートをはいたほうがよいかもしれ
ませんね。ただし、普段はき慣れていないスカート
のときは、歩き方や座り方(ひざが開かないように)
などの立ち居振る舞いには注意しましょう。

Q10 アナウンサーの面接に着て行くスーツについ
て

Q アナウンサーを目指しています。テレビ局の
面接には、「普段着で来てください」という場
合が多いと聞きます。普段でも着られるような、お
しゃれなスーツを着て行きたいのですが、外見的に
あまり目立ちたくありません。やはり、無難に普通
のリクルートスーツで行ったほうがよいのでしょう
か?

A アナウンサー試験の場合、いい意味で「人よ
り目立つ」ことも大切です。おしゃれなスー
ツを着こなすことに、なんら問題はありません。た
とえば、あるアナウンサーの最終面接のスーツは、
白だったそうです。 ファッショナブルな服装では
軽薄な印象を与えるのではと心配された故のご質問
かもしれませんが、多くの人に見られる立場の「ア

ナウンサー」志望という前提において「外見的にあまり目立ちたくない」という考えは、やや矛盾があるように思えます。どんなスーツを着ていても、きちんとした姿勢と態度、そしてあなた自身の明確な志望理由があればよいのです。また、アナウンサー志望の学生は、カメラテストを考慮して明るいパステルカラーのスーツを選ぶ方が多いようです。おしゃれなスーツを着て行っても、目立ち過ぎるということはないでしょう。アナウンサー試験の場合は、黒や紺のスーツを選ぶほうが少数ですから、普通の就活用スーツのほうが目立つかもしれませんね。ただ、個性が埋没し、印象に残りにくいという心配があることは否めません。どちらを選ぶにしても、大切なのは、あなたのパーソナリティを発揮できるスーツを選ぶことです。

(Q11) スーツに黒色のタイツは可?

Q 肌寒い気候で、ストッキングでは寒々しいので、黒のタイツをはいてもOKでしょうか?

A まだまだタイツのイメージはカジュアルなものであり、面接には不向きですね。特に「信頼感」を求められる金融系や、制服がある職種などでは避けたほうが無難です。好感を持たれることはあってもマイナスイメージを与えることはない、肌色に近く、健康的に見えるナチュラルなストッキングをオススメします。

Q12 パンプスのヒールの高さは?

Q よく就職活動用の靴のヒールは5〜6cmと言われますが、8cmくらいでは高過ぎるのでしょうか? 普段からヒールの高い靴を履いているので、歩き疲れるということはないと思うのですが、ヒールが高いと印象が悪くなるのでしょうか?

A 就職活動中は長時間靴を履いていることが多いため、歩きやすい低めのヒール(一般的には3〜5cm)を勧めることが多いのですが、履き慣れているのならば問題はないと思います。スーツや自分に合ったヒールの高さならば、印象が悪くなるということはないでしょう。

Q13 夏の就職活動の際の服装

Q 夏に就職活動を行うとき、スーツはやはり上着も必要なのでしょうか? またシャツは半袖でも構わないのでしょうか?

A スーツの上着は必要ですし、シャツも長袖がよいでしょう。企業の担当者も上着と長袖のシャツを着て採用に臨んでいる場合がほとんどです。合わせたほうが無難だと思います。

Q14 冬の就職活動の際の服装

Q 冬場の就職活動でコートを着る場合、どのような色や素材がよいのでしょうか?

A 説明会場や、会社に入る前にコートは脱いでしまうので、あまり神経質になる必要はありません。しかし、カジュアルすぎるものやナイロン素材のもの、ダウンコートはスーツには合わないでしょうし、あまりに派手な色のものも向かないと思います。スーツの上に着られるコートを持っていないという場合は、社会人になってからも使えるシンプルなスーツ用のコートを1着用意しても、損はないと思いますよ。

Q15 かばんはブランドものでも大丈夫?

Q 面接に行く際、かばんはブランドものではないほうがよいのでしょうか?

A 基本的にいけないということはありませんが、そのかばんが就活用スーツに合っているかどうかということを考えてみましょう。ブランドのロゴなどがあまりにも全面に出ているものなどは、もし面接官の目がそこにいってしまった際に印象が悪くなる可能性もあります。外見から受けるリスクはできるだけ少ないに越したことはありません。

Q16 靴はストラップ付きのものでもよいのでしょうか?

Q 就職活動用の靴は、どういうものがいいでしょうか? ストラップなどが付いていてはダメだということを聞いたことがありますが、大丈夫だと言う人もおり、どちらがよいか迷っています。

A 就職活動用の靴は、プレーンなデザインのものであれば、まず問題ないでしょう。長時間

歩いたり、毎日のように履くことを考慮するならば、突然の雨による汚れや、靴のメンテナンスからいっても2足揃えておいたほうが便利です。足のサイズ（長さと幅）がぴったりしたものを選ぶといいですよ。ストラップの靴は、幼い印象を与える可能性がありますが、最近では歩きやすいということもあり、主流になっています。「靴がストラップ付きだったから」という理由で、面接に落ちることはありませんので、安心してください。それよりもきちんと磨かれているか、トータルコーディネートで似合っているか、という点に注意すべきでしょう。

Q17 スニーカーで説明会に参加するのはよくない?

Q アパレル会社の説明会参加案内で、「カジュアルな服装であなたの個性を見せてください」と書いてあったのですが、やはりスニーカーは避けるべきでしょうか？ その会社の商品は非常にカジュアルなものなので、そのイメージに合った服を考えるとスニーカーがよいように思います。

A いくら「カジュアルな服装」を指定されたからといって、採用担当者に不快感を与えてしまうほどの「あまりにラフ過ぎる清潔感のない服装」はNGです。企業のセミナーという公の場で、初対面の方に対して失礼のない服装である、ということを自信を持って言えるならば、スニーカーでも大丈夫ですよ。また、アパレル業界に多い質問ですが、「今日はなぜその服を選びましたか？」と聞かれることがあります。「清潔感があるから」「学生に見合った値段だったから」など、あなたの考えを明確にしておきましょう。

Q18 靴は紐の付いたものがよいのでしょうか?(男性)

Q 就職活動用の靴はやはり紐靴のほうが好ましいのですか?

A 就職活動用の靴はプレーンなデザインのものであれば、紐が付いていても付いていなくても、まず問題ないでしょう。ですが、社会人になる準備として、紐靴は1足は揃えておくと便利ですよ。長時間歩いたり、毎日のように履くことを考慮するならば、突然の雨による汚れや、靴のメンテナンスからいっても2足揃えておいたほうが便利です。また、足のサイズ(長さと幅)や甲の高さにも注意して選ぶといいでしょう。面接官は、よほど奇抜なデザインでない限り、靴よりもあなたの姿勢や態度を見ています。それよりも靴がきちんと磨かれているか、トータルコーディネートで似合っているか、という点に注意すべきでしょう。

Q19 就職活動はパンプスでなくちゃダメ?

Q 私の足はかなりの甲高幅広で、パンプスなどのフェミニンな靴が入りません。たまに入るものがあっても履けないのに無理矢理履いたように見えてしまいます。このような場合どんな靴を履いて就職活動に臨めばいいのでしょうか?

A 就職活動の服装において、いちばん大切なのは清潔感です。相手に不快感を与えなければ必ずしもパンプスでなくても問題ありません。実際、ローファーなどで活動していた先輩もいます。面接などの場面では、ほとんどの女性がパンプスを履いていると思いますが、そういった場合に、自分が自

信を持って面接に臨めるのであれば、ローファーで
もなんでも構わないと思います。「面接官に悪い印
象を持たれてしまうのだろうか」などと、靴のこと
を気にしておどおどしてしまうようであれば、その
態度のほうが、マイナス評価につながります。

Q20 時計はどのようなものがよいのでしょう?

Q 就職活動でどのような時計をすればよいので
しょうか? デジタルかアナログか、時計の
ベルトは革製がよいのか、またはよく見かける銀色
のベルトでもよいのでしょうか? 時計は就職活動
時にはしていたほうがよいのでしょうか?

A スーツ姿に似合う時計を考えてみましょう。
シンプルなデザインの時計であれば、デジタ
ルだろうがアナログだろうが問題ありません。でき
るだけ文字盤の見やすいものにしましょう。しか
し、あまりに高過ぎるブランド品や、採用担当者が
思わず注目してしまうような華美なものは避けまし
ょう。また、筆記試験などがある場合、携帯電話を
机の上などに出していると注意されることもありま
す。就職活動時は、普段携帯電話を時計代わりにし
ている人も、時計を用意しておいたほうがよいでし
ょう。

Q21 髪型で迷ってしまいます

Q セミロングなので髪をしばることになると思
うのですが、ひとつにまとめて後ろにしばる
のが似合わないので抵抗があります。三つ編みは普

段からすることもあるので、しばるなら三つ編みが
いいのですが、あまりそのような例を聞いたことが
ありません。いかがでしょうか?

A 面接では、表情が大きなポイントとなるので、
顔全体が見えるヘアスタイルが基本ですね。
おじぎしたときにバサッと髪が落ちてくるようで
は、表情が見えないだけでなく、だらしない印象や
暗い印象を与えてしまいます。しかし、「似合わな
いので抵抗がある」というのであれば、必ずしもひ
とつ結びにする必要はありません。顔にかからない
ようにきちんとセットしておけばいいでしょう。

Q22 就職活動の前に、パーマは戻すべきですか?

Q 私はずっとパーマをかけているのですが、就
職活動の前に戻しておいたほうがいいのでし
ょうか?

A 受ける職種および企業の体質にもよりますが、
一般的な企業を受けることを想定するならば、
パンチパーマ、ドレッドなど過度なスタイルは避け
たほうがいいでしょう。 ただし、職業的にクリエ
イティブな環境の企業を目指すのであれば、ヘアス
タイルも個性の一部として受け入れられる可能性も
あるでしょう。基本的に髪型が合否を左右すること
はなくても、第一印象が変わることはあります。企
業にアピールしていきたいあなたのイメージを考え
て、その場にふさわしい清潔な髪型であれば、パー
マがかかっていても問題ないでしょう。逆に、不潔
に見えるような髪型は常識的に考えて好感は持てま
せんよね。あなたが面接を受けるときの服装に似合
う髪型を考えれば、答えが自然に出てくると思いま

:
すよ。

Q23 坊主頭は就職に不利って聞いたのですが…
（男性）

Q 中学のときからずっと坊主頭なんですが、坊
主頭での就職活動はまずいでしょうか？

A 就職活動においては、さわやかで清潔感のあ
る服装やヘアスタイルが好まれるようです。
採用側としては、一緒に仕事をしていくことを考え
ると、このような人を欲しがるのは、当然の心理と
思います。　坊主頭といってもそこから受ける印象
は同じではなく、人相や口調と合わさってさわやか
に若々しく見えるか、あるいは怖そうに見えるかな
どによって違ってきます。坊主頭が就職活動に単純
に不利ということはなく、坊主頭がさわやかに見え
るように、笑顔と元気で面接に臨みましょう。

Q24 表情が暗く見えてしまっても髪は黒に戻すべ
き？

Q 私は髪が多いため、色を染めて明るく見える
ようにしています。就職活動のときは、黒に
戻したほうがいいのでしょうか？

A 最近では、多くの学生が髪の毛をカラーリン
グしていますが、ほとんどの学生は、セミナ
ーが始まる時期に髪の色を戻しているようです。面
接官が若い人の場合は、カラーリングに対してさほ
ど抵抗はないかもしれませんが、管理職・役員クラ
スとの面接になると、やはりまだ受け入れてもらえ
ない場合もあります。不自然なほど真っ黒にする必
要はありませんが、落ち着いたダークブラウンにし

たほうが無難でしょう。髪の毛で暗い印象を与えて
しまうのを挽回するぐらいの明るさで面接に臨むと
よい結果が出ると思いますよ。

Q25 ヒゲを伸ばしています。 剃ったほうがよいで
すか?

Q ヒゲを伸ばしています。無精ヒゲではなく、
こまめに手入れしています。ヒゲを伸ばして
いたほうが、自分ではたくましく見えると思うので
すが、就職活動の際は、やはり剃ったほうがよいの
でしょうか?

A ヒゲは剃ったほうがよさそうですね。マスコ
ミやアパレルなどを除いた大部分の企業では、
ビジネスマナーということでヒゲや髪の色に対して
厳しいのが一般的です。面接官もそういった企業の
メンバーですから、ヒゲを剃らずに正式な面接に臨
む学生を見たら「社会人としての常識もわからない
のか」と判断されることも多いはず。ヒゲが理由で
不合格になる可能性がある以上、ヒゲを剃って面接
に臨むのが無難だと思います。

Q26 メイクについて

Q 面接などを受ける場合、面接官に悪い印象を
与えないメイクの方法を教えてください。

A 顔色や表情を明るく見せるためには、口紅の
色をピンク系かベージュピンク系にするとい
いようです。また、面接が行われる蛍光灯の下は、
顔色が悪く見えがちなので、ピンク系・ピーチ系の
チークを入れると血色がよく見え、健康的な印象に

なります。目元には軽くマスカラをすると目が大き
く見え、顔に表情が出てきます。アイシャドーは
しなくてもOKです。眉毛はきちんと整えましょう。
きつい印象を与える細い眉や鋭角的な眉より、ゆる
やかな眉山にしてください。ナチュラルで健康的な
メイクが基本です。あまりにもグロスのつきすぎた
唇や、ラメがたくさん入ったものを避ければ、まず
問題ないでしょう。

Q27 カラーコンタクトで面接を受けてもよい?

Q 以前からグレーのカラーコンタクトを使用し
ていて、すでに体の一部のような感じです。
カラーコンタクトで面接を受けるのはよくないです
か? 就職活動用に透明なコンタクトを買ったほう
がよいですか?

A 普通のコンタクトにして就職活動に臨むのが
ベターです。カラーコンタクトは似合う方も
いらっしゃいますが、やはり一瞬違和感を覚えます。
最終面接で面接官となる年配の方はもとより、若い
採用スタッフからもよい印象を持たれることは少な
いでしょう。

Q28 面接時に許されるアクセサリーの範囲は?

Q 面接時につけても大丈夫なアクセサリーの範
囲は、どの程度なのでしょうか? また、ア
クセサリーなどを取り扱っている企業の場合、その
会社の商品をつけて行くというのは、アピールにな
るのでしょうか?

A スーツ姿に似合うアクセサリーを考えてみましょう。シンプルなデザインのアクセサリーであれば、許容範囲と言えるでしょう。また、ブラウスの下で隠れてしまうネックレスなどのデザインは、そう気にすることはないでしょう。しかし、常識的に考えると、石付きの指輪やゴールドのアクセサリーなど、華美なデザインは、就活用スーツ姿には似合いませんよね。先方が注目してしまうほどの、大ぶりなデザインはNGです。一般的に時計、小ぶりの指輪、小ぶりのイアリング（ピアス）、小ぶりのネックレスについては、つけていてとがめられるものではないと思います。また、アクセサリーなどを取り扱っている企業の場合でも、同様にお考えください。「その場に見合うデザイン」であるかどうかがポイントです。シンプルなデザインのアクセサリーを上手に身につけていれば、アピールになるかもしれませんが、コーディネートに失敗しているようであれば、「センスのない人」と受け取られてしまいますので気をつけましょう。その会社の商品をつけていて、それがきっかけで会社のどの点がいい・悪い、デザインに関して自分の意見を発表する……などに発展していけば、十分アピールになると思います。しかし、単にその会社の商品をつけているだけで、大きなアピールになることはないでしょう。

Q29 WEB面接の服装について、企業側から特に指示がない場合は、私服でOK？

Q WEB面接の服装について、企業側からは特に指示がありません。「スーツ着用」あるいは「服装自由」等の指示がある企業もありますが、特に指示がない場合には、私服で受けても問題ないでしょうか？

A 企業側からの指示がない場合には、スーツ着用がよいでしょう。企業によっては「面接は、スーツ着用が当然」という考え方もあります。そのような場合に私服で受けると「常識が無い」と思われる可能性があるからです。スーツには気を引き締める効果もあります。特に指示がない場合には、迷いを捨て、スーツを着て気持ちのスイッチを入れましょう。

III

就活Q&A

ー面接マナー編ー

学生からのよくある
「就活マナー」についての疑問や悩み。
ここでは就活時の面接の
マナーについて回答します。

Q1 面接官の顔を見て話をするのが苦手です

Q 面接官の顔を見て受け答えをしなければならないとよく言われますが、すぐに顔が真っ赤になってしまい、それが気になってしまいます。どうすればよいでしょうか？

A 多少顔が赤くなっていても本人が思うほど面接官は気にしていません。学生が緊張していることはよくわかっているからです。どうしても顔が見られない場合は面接官の鼻のあたりを見ながら受け答えをすれば顔を見て話をしている印象になります。

Q2 大きな声が出せません

Q セールスポイントはテキパキと行動することなのに面接では声が小さくなってしまうため、元気がなくて弱々しく、とてもテキパキしているようには見られません。大きな声を出そうとしているのですが、なかなかできず、どうしたらよいか困っています。

A それは困りましたね。しかし、自己PRとのギャップに気づいている点はよいと思います。人が人にする評価は非言語コミュニケーション（態度、声など）と言語コミュニケーションの2つで成り立っています。これらが不一致を起こすと相手は言語で語られていること自体に不信感を持ちます。声は第一声が勝負です。落語家の方々も「えー」などと大きな声を最初に出しますよね。最初の挨拶から大きな声を出してみましょう。それからは声が出るようになるはずです。

Q3 面接で緊張して涙目になります

Q 面接のとき、緊張して声が震えて涙目になってしまいます。そのため面接が怖くて思うように就職活動ができません。どうしたらよいでしょうか?

A 面接は人との出会いの場だと思うようにしましょう。相手は、この就職活動がなければ会わなかったかもしれない人たちです。これから先、仕事をすることになれば知らない人との会話などは業務として当たり前になります。面接はあなたがこれから仕事をしていくうえでどうなのか、という観点で見られます。面接官は落とすために面接をしているのではなく、自社に合った人に出会いたいと思って面接をしているのです。そのように考えて面接の場に臨みましょう。

Q4 面接の際、汗をかいてしまいます

Q 面接のとき、緊張して汗をかいてしまいます。汗を拭いたりするのは、やっぱり印象が悪いですよね。どうしたらよいでしょうか? 教えてください。

A 集団面接などの場合でしたらほかの人が話をしている間にさりげなく拭くのは構わないと思います。しかし自分が話をしている際にその動作は違和感はあるでしょうね。自分で気にしていると余計そちらに気がいってしまいます。人は自分が思っているほど気にしていないと思いますので、汗をかいても気にしないぐらいの気持ちで面接に臨んだらどうでしょう。面接の前に顔を洗うなどして気を

Q5 方言は使っても大丈夫?

Q 「御社では○○されているそうですが…」と言うところを関西では、「御社では○○してはりますが…」と尊敬の意味を込めて、最後に「〜はる」をつけることがあるのですが、こういう地方特有の言い回しは面接ではご法度でしょうか? 長時間面接をするとなると、ふと口をついて出そうな気がして心配です。

A 面接官やその場の雰囲気にもよると思いますが、基本的に「ご法度」ということはないでしょう。自分の熱意を伝えようと一所懸命に話しているうちに方言が出てしまってもまったく問題ないと思いますよ。むしろ、言い回しばかりを気にしてしまって、伝えたいことを十分に伝えられなかったり、熱意が伝わらないことのほうがマイナス評価につながります。

Q6 面接の場にハンカチを持って入ってもよいですか?

Q 花粉症でくしゃみや鼻水が気になりますが、薬を飲むと極度に眠くなるので、控えています。面接のときにくしゃみや鼻水が出ないか心配です。失礼のないようにハンカチで押さえたいのですが、ハンカチを手に持って入ってもよいですか?

A ハンカチを持たず、くしゃみや鼻水が出てしまうほうがマイナスですね。ハンカチを持って入るのはなんら問題ないと思いますよ。花粉症の

季節は辛いかと思いますが、就職活動頑張ってくだ
さいね。

Q7　面接の際にメモを取ることはできますか？

Q　面接（特に集団面接）の最中に、メモやノートを取るというのは、やってもよいことなのでしょうか？

A　好ましくないと思います。自分が面接官だったら、メモを取りながら面接を受けている学生のことをどう思うでしょうか。面接官の目に、その学生がどう映るか考えてみましょう。ほかの学生が姿勢を正して自分たちのほうを見ているときに、下を向いてメモを取っている姿は不可解な感じがすると思いませんか？　これから「これをやってもいいかな」と思ったときは自分が相手の立場だったらどう思うだろうか、ということを考えてみましょう。これからのビジネスの場でも「相手の立場に立って考えること」は大事です。もちろん会社説明会などの際にはメモを取っても構いません。

Q8　趣味をアピールするために自作のアクセサリーをつけて行ってもよい？

Q　趣味がビーズアクセサリーなどの細工物で、身につけられるものだとしたら面接につけて行ったほうがよいのでしょうか？　やはり、アクセサリー類は禁物でしょうか？

A　基本的に面接は、その企業に対する「志望理由」をアピールする場であり、趣味をアピールする場ではありません（趣味が志望理由に直結してい

る場合は除く)。どうしてもつけて行きたいのであれば、あまりに華美なものでなければ問題ないと思います。「自分をよく知ってもらう」「自分の印象を強く残す」という点で、若干プラスになることもあるかもしれませんね。

(Q9) 面接で棒読みになってしまいます

Q 面接で棒読みになってしまいます。ある程度書き出した紙で練習してから臨みましたが、やはり棒読みになってしまい、自然にできません。練習しないと不安なんですが、どうしたらよいですか?

A 暗記をしようとしているからでしょう。準備は必要ですが、暗記では相手とのコミュニケーションが取れません。先方が知りたいのはその学生がどんな人であるかということです。口頭試問ではありません。相手の話をよく聞き、自分のことを自分の言葉で語れるようにしましょう。これからビジネスパーソンとして仕事をしていくうえでも大事なことです。

(Q10) 第一印象が大事と聞いていますが、どのようなことを工夫すればよいでしょうか?

Q ある業界では第一印象が大事ということを聞いています。第一印象をよくする何かよい対策はありますか?

A 第一印象というのはこれからビジネスをするうえでも大事な要素になってきます。また、この点は業界を問わず重要だと思っていてよいでし

ょう。まず、清潔感のある服装です。同じようにスーツを着ていたとしても、シャツが汚れていたり、よれよれだとしたらよい感じはしません。視線や声の元気さ、表情も大事です。相手の目をきちんと見られるか、声は大き過ぎず、小さ過ぎず、相手に意思が伝わるように出せるか、などです。ご自分で話している様子を録画するなどして研究するとよいと思います。

Q11 集団面接時のほかの人の話の聞き方

Q 集団面接のとき、自分以外の人が話しているときはどこを見ればよいのか迷っています。顔を見たり、話している人のほうの壁を見たり、自分がキョロキョロしているようですごく気になっています。話している人のほうを向けばよいと思うのですが、顔が見える場合は顔を見てもよいのでしょうか？ 遠くて顔が見えない場合はどこを見ればよいのでしょうか？ また、前を向いて話に耳を傾けるのがよいのでしょうか？ わからなくて、困っています。

A 経験から言いますと、3〜4人の学生に横一列に座ってもらい同時に面接を行うと、一人が話している際に、ほかの人は顔をややそちらのほうへ向けて話を聞きながら、時折軽く頷いているといったケースが多いですね。ただし、面接している側とすれば、そのとき、発言をしている学生に注意を向けていますので、それ以外の学生が「どこを見ているか」自体はさほど気にはならないと思います。もちろん、面接はコミュニケーションの場ですので、ほかの人が話しているときには「聞いている態度」を示したほうがよいでしょう。その際に、下を向い

たりするのでなければ、正面を向いていても話し手のほうに顔を向けていても構わないと思います。それとあまり面接官の顔を凝視するのも避けたほうがいいでしょう。また、グループディスカッションなどの場合は、当然発言者のほうを向いて話を聞くことになると思います。いずれにしても、そのときそのときで対応は異なってくるものですから、あまり形にとらわれないで、自然な態度を心がけてください。

Q12 グループ面接のときに長く話をする人がいます。同じように話すべきでしょうか?

Q グループ面接のとき、一つの質問に対して3分から4分くらい話している人がいるのですが、私もそうするべきでしょうか?

A 面接は「コミュニケーションの場」です。「演説の場」ではないということを認識しましょう。そう考えると、一人で3分も4分も話すことはよいことでしょうか。あなたもその面接の場にいてよい気持ちがしましたか。たぶんしなかったと思います。今度そのような人がいたら面接官の顔を観察してみましょう。もしかしたら「うんざり」といった顔をしているかもしれません。その人が興味深い話をしているのでしたらよいのですが、大方の学生はそんなに面白い話をしているわけではないと思います。逆にコミュニケーションだということを考えると、短過ぎるのもよくありませんね。短過ぎると、相手にこちらの意図が伝わりません。短過ぎず、長過ぎず、このバランスが「いかにその場の空気を読めるか」ということにつながります。ですから、長過ぎる人の真似をする必要はないと思います。それよりも自分のことをいかに簡潔にわかりやすく伝え

るかということを考えてみましょう。

Q13 面接では即答するべきなのでしょうか?

Q 質問には即答できないといけないのでしょうか? 事前に予想できない質問の場合、すぐに答えることができるとは思えないのですが。

A 即答できなくても構いませんよ。面接という場は相手とのコミュニケーションの場です。あまりにもすぐに答えて、またそれが暗記したようなものであれば、相手とコミュニケーションを取っていることにはなりません。少し考える時間をとっても違和感はありません。自分が長いと思っているほど相手は長いとは感じないものです。それから考える際はただ黙るのではなくて、一度「はい」と返事をしてから考えると相手も待たされる感じはしません。ただし、緊張してしまい、相手の質問を忘れてしまうこと、また、あせってしまって何も言えなくなってしまうことだけは避けましょう。

Q14 内容が聞き取れず、「えっ?」と聞き直してしまいました

Q 最終面接の途中、内容が聞き取れずにうっかり「えっ?」と聞き直してしまいました。それまでは印象がよかったのですが、ここから印象が悪くなったように感じました。ほかの質問にはしっかりと返答したのですが、この一つのミスで落とされる可能性は大きいですか? 教えてください。また今後、このように聞き取れなかった場合の対処法として、どういう風に聞き直せばいいのか教えてく

III —面接マナー編—

181

ださい。

A 確かに「えっ?」と聞き直したのは、よくな
かったかもしれませんね。ただ、そのことだ
けで面接の合否が決まるとは思えません。もっとも
あなたが感じているように、面接官の印象が悪くな
ったり、自分でも「しまった!」と思ってそこから
面接が上手くいかなくなったりすることも考えられ
ますので、十分注意しましょう。面接官の質問が聞
き取れなかったりした場合は、慌てずに「恐れ入り
ますが、もう一度質問をお願いできますか」と、率
直に聞き直してよいと思います。

Q15 面接時の基本的なマナーを教えてください

Q 入室時、退室時の基本的なマナーを教えてく
ださい。

A まず、入室時は第一印象を決める瞬間ですか
ら、元気よく大きな声で挨拶をすることです。
その際に言葉と動作を同時に行わないことです。退
室時も同じです。また、入室後は「どうぞお座りく
ださい」などの指示があるまで座ってはいけませ
ん。またせっかく元気な声で入室したにもかかわら
ず、態度や姿勢が悪かったりすると印象が悪くなり
ます。気をつけましょう。退室時には最後まで気を
抜かずに緊張感を持って退室してください。「失礼
します」「失礼いたしました」「ありがとうございま
した」などの言葉を使って丁寧に退室しましょう。

Q16 何回も面接の日程を変えてもらうことは失礼
になる?

Q 筆記試験を受けた会社から、次回選考に進めるという電話連絡をいただきましたが、その時期の予定はセミナーなどでいっぱいで、面接の日程の都合がつきません。1度や2度ならともかく、何回もほかの日にしてもらうのは失礼になるでしょうか?

A そろそろ「優先順位」ということを考えていかなければならない時期に来ているということですね。セミナーの企業と面接の企業と、あなたの順位はどちらが上ですか? 何度も「面接日程」の先延ばしをすれば、相手は「当社を受験する意思がない」という判断をするかもしれません。ただ、どうしてもあなたをぜひ面接してみたいと思ってくれている会社であれば、先延ばししてくれるかもしれません。この選択の基準は企業によっても違いますし、採用状況も日々変化しているわけです。この場合、失礼かどうかを考えるよりも、どういう選択をしたほうが自分にとってよいかをまず考えてください。いずれにしても最終的にはあなたが入社する1社を選ぶわけですから。

Q17 面接に遅刻しそうになったらどうしたらよいですか?

Q 面接に遅刻しそうになった場合には、どのように対処したらよいのでしょうか? 遅刻は不合格ですか?

A 面接に遅刻しそうになった場合には、人事部に必ずその旨を連絡し、謝りましょう。この場合、事前に連絡をしないと(事後連絡では)不合格扱いになってしまうこともあります。面接当日は、交通機関の遅れなどを考慮し1時間ぐらいの余裕を

Q18 面接の交通費で、定期券の区間分の交通費はもらってもよいの?

Q 「次回の面接では、交通費を支給いたしますのでいくらかかったかを覚えておいてください」と言われました。自宅からその会社まで行くのに、途中までは定期券を使用するので、その間の交通費はかかりません。その場合は、定期券の区間の交通費はもらってもよいのでしょうか?

A 定期券を使用する区間に関しては、請求すれば特に問題なく支給されると思いますが、実際にはお金がかからなかったのであれば、請求しないのが当然ではないでしょうか。また、企業側であらかじめ交通費を計算し、支給してくれる場合もあります。そういったときに定期券の区間の交通費が含まれている場合は、ありがたく頂戴しましょう。

Q19 興味のなくなった会社から、面接通過の連絡が来たが…

Q 自分のやりたいことを見つけるために、多くの会社を見てきました。また、練習にもなると思い、面接もいくつか受けてきました。今では、行きたい会社が絞られてきました。そんな中、興味がなくなってしまった会社から面接通過の連絡がいくつか来ています。このように言ってしまうと悪いですが、もし内定をいただけても行きたいと思える会社ではないのです。よく内定を一つもらっておくと安心すると聞きますが、どうなのでしょうか?

A　まず、「まったく興味のなくなった会社」に対
　　して、このまま就職活動を続けることはあな
たにとって無意味なことですし、その会社に対して
も失礼だと思います。その一方で、あまり志望企業
を絞り込んで就職活動をするのはリスクが大きいの
も事実です。企業のほうも就職活動において学生が
いくつかの会社を同時に受験しているということは
承知しています。そのうえで選考の過程を通して、
その学生の質とあわせて志望の強さを見極めようと
しているのです。ですから、複数の会社を受験する
こと自体は決して悪いことではありません。こうし
たことを踏まえて、面接を通過した企業に対してな
ぜ興味がなくなったのか？　これから受験しようと
している会社の難易度（採用人数、受験者数など）
はどれくらいか？　受験しようとしている社数で本
当に十分かといったことをよく検討してみてくださ
い。どういった選択をすれば、結果的にあなたの就
職活動を成功に導けるかを考えてみましょう。

Q20　A社とB社の選考日程が重なってしまいました

Q　A社とB社の選考日程が重複してしまいまし
　　た。A社のほうがB社よりも以前に予約して
いたのですが、B社のほうが志望度が高いので、A
社の選考を辞退させてもらうように手続きをとりた
いのです。よい方法はありますか？

A　このような場合、A社のこれからの選考に興
　　味があるという場合は、丁寧に日程の変更を
お願いしてみましょう。それも早めのほうがよいで
しょう。特に、まだ初期段階（会社説明会の予約、
最初の筆記テストの予約など）の場合はネットで対
応ができたり、変更のお願いのメールを出すことで

済む場合もありますので、それらの方法をとってみるとよいと思います。ただし、自分が採用担当者だったらということを考えると、「他社と重なり…」という理由はお勧めできません。変更を申し出ている時点で企業側は理由をわかっているでしょうから、理由はあえてオープンにする必要はないでしょう。

Q21 企業からの合否の連絡は、どれくらいで来るの?

Q 合格者のみに連絡をするという企業が多いのですが、期限が記されていない場合、どのくらいで連絡が来るのでしょうか? 待つのは非常に精神的に負担です。自分から問い合わせたりしてもよいのでしょうか?

A 連絡が来るまでの期間は、その企業ごとの採用計画次第であり、同じ企業であっても年度によって違う場合がほとんどですし、人によっても違います。しかし、全体的に言えることは、就職活動の早期化と、企業側の優秀な人材を確実に確保したいという意向により、採用する学生には、比較的早く連絡が来るようです。合否に関して、人事部に問い合わせるということはあまりよいことではありません。人事部は採用期はかなり忙しいため、個々人に時間を割いてはいられないのです。しかし合否の連絡について、その連絡方法を何も聞かされていないのであれば、これは合否を聞くという形ではなく、どのような方法で通知していただけるのかということを問い合わせてみるとよいでしょう。

Q22 合否に関係なく連絡すると言われたのに…

Q ある企業の説明会と一次選考会に参加しました。そのときにいただいた今後の採用日程に「合否に関係なく電話か郵送で結果通知をする」と記載してあり、当日、人事担当者も同じことを言っていました。しかし、二次選考の前日になっても連絡はありません。不合格だったんでしょうが、合否に関係なく連絡すると聞いていたので、少しこの企業に対し不信感を持ってしまいました。このような場合、こちらからメールなどで、確認してもよいものでしょうか？　一般的に企業側の「合否に関係なく連絡する」というのは、「合格者のみに連絡」ととらえたほうがよいのですか？

A 企業が合否に関係なく連絡すると明言しておきながら、故意に合格者にしか連絡しないということは考えられません。気になるようであれば、電話やメールで確認してみましょう。ただし、連絡が来なかった原因が、企業側だけにあったとは断定できません。問い合わせをするときには、それを踏まえてきちんとした態度を心がけてください。また、企業から納得のいく回答を得られなかったり、結果が不合格であったような場合も同様です。不信感を持つ気持ちは理解できますが、それをあからさまにするようなことは慎みましょう。

Q23 面接日の変更はマイナスにつながる？

Q 面接日を指定されたのですが、大学の試験と重なってしまい、大学側も就職活動のために追試を行うということはしていないので、どうしても行けません。その旨を話したら面接日を変えていただけましたが、日程の変更はマイナスなのでしょうか？　また、当日はお詫びしたほうがよいでしょ

うか？

A 学校の試験など、理由がきちんとしている場合には、日程を変更したこと自体がマイナスにつながることはありません。ただ、選考のステップが遅れているという点では、やや不利になることはあるかもしれませんが、評価に影響することはないでしょう。お詫びに関しては、人事の方に直接「日程を変更していただき、ありがとうございました」など、一言あるとよいでしょう。

Q24 面接を辞退したいのですが、差し支えのない断り方はありますか？

Q 「その後の選考については電話で連絡します」と言われ、先日「○日に面接があります」という電話がかかってきましたが、ほかの会社をまわったりしているうちに、その会社への興味が薄れてきてしまい、その会社を受験する気がなくなってしまいました。差し支えのない断り方を教えてください。

A 志望が変わってしまって、その企業の面接を辞退したいというのは、就職活動中にはよくあることですね。こんなとき、もう縁のない会社だからといって、無断で面接に行かないということは決してしないようにしましょう。準備をしている人事の方にも失礼ですし、自分が就職する企業と、今後いつどこで関わりを持つかわからないからです。ですから真摯に、辞退の旨を早めに連絡しておきましょう。その際、申し訳ないという気持ちと、自分の志望が変わってしまったということを伝えることができれば問題はないでしょう。

Q25 面接で教授について話す際は敬語を使うべきですか?

Q 面接中は、自分の講座の教授に対して敬語を使うべきですか? 親に対しては使っていないのですが、研究内容などを話すとき、教授、先輩が出てきたとき、言葉遣いに迷います。

A 面接では教授に対して必ず敬称・敬語を使ってください。○○先生または○○教授がよいでしょうね。敬称・敬語を使わないのは親族ぐらいです。友人の場合も敬語は使わなくても敬称は付けるべきです。

Q26 携帯電話や公衆電話から面接の申し込みをしてもよい?

Q 面接の予約を電話で申し込まなければならないのですが、その際は携帯電話や公衆電話からでも差し支えないのでしょうか? また公衆電話であれば、つながったときの「ブー」という音は、印象がよくないのでしょうか?

A 家に電話があるのであれば、家からかけるのがいちばんよいでしょう。携帯電話は、場所によって電波状態が不安定であり、通話の途中に切れてしまったりすることもあるので、避けたほうがよいと思います。公衆電話からかけるのは問題ないです(ただし、料金不足のため通話の途中で切れることのないよう気をつけましょう)。

Q27 不合格の理由を採用担当者に問い合わせてもよい？

Q 不合格だとなんの連絡もないと言われたのですが、これからの自分を考えるうえでも「なぜ不合格だったのか」を聞きたいです。こういった場合、人事の方に電話などで問い合わせてもよいのでしょうか？

A 基本的には問い合わせるべきではないでしょう。多くの学生が応募しているわけですから、就職活動シーズン中は採用部門のスタッフは非常に忙しく、このような個別の問い合わせに対応している余裕はないはずです。また、公正な面接の中で総合的な判断の末に不合格になったわけですから、学生側としてはその結果を真摯に受け止め、不合格の要因を自分なりに分析してみるのも就職活動の一環であると思います。

Q28 WEB面接でカンペは使ってもよい？

Q 対面形式の面接では、もちろんカンペを見ながら受けることはできませんが、WEB面接では、「提出したエントリーシートのコピー」、「頻出質問集に自分でびっしりと書き込んだもの」等を手元に置いて受けたいと考えています。面接官に分からないようにすれば問題はないでしょうか？

A カンニングペーパーの活用は、WEB面接のメリットの一つといえます。ただし、びっしりと書いた自己PRや志望動機の原稿をそのまま置くのはおすすめできません。心理的にどうしてもそれを読もうとしてしまい、目線が逸れるからです。まず、事前に十分な面接練習をすることが大前提で

すが、「これだけは絶対に伝えたい」という事項を
大きな字で箇条書きにした紙を目線が大きく逸れな
い場所に置いておくと安心ですね。

Q29 パソコン使用のWEB面接終了後、面接官か
らの言葉を入力してもよい？

Q 友人から、「WEB面接終了後、面接官からフ
ィードバックや連絡事項等が伝えられた」と
聞いたのですが、そのような場合、しっかりと面接
官の話を聞きながらであれば、パソコンのキーボー
ドで入力して記録に残しても問題ないでしょうか？

A WEB面接終了後、面接官によっては、面接
に対してのフィードバックや簡単な連絡等を
してくれる場合があります。そのような場合はやは
り「記録をしておきたい」と思うものですね。しかし、
キーボードを使って入力するとどうでしょうか？
思っている以上にマイクが入力音を拾い、カチャカ
チャという音が面接官に聞こえてしまいます。面接
官にとっては、耳障りな音ですので、パソコンでの
入力は避け、手書きのメモをとるようにしましょう。
その際のマナーとして「メモをとってもよろしいで
しょうか？」とひとこと確認すると好印象です。

【著者紹介】美土路雅子（みどろまさこ）

キャリアコンサルタント。企業秘書経験を活かし、企業の人材育成研修、大学生の就職支援講座および社会人の転職支援講座の講師として、『マイナビ』をはじめ、学校や企業、さまざまなメディア、イベント等で幅広く活躍中。温かく熱意溢れる指導、特に、大学生向け秘書検定講座の合格率は群を抜いており、合格請負人としての定評がある。ＹＤサポート（株）講師。JCDA認定キャリアコンサルタント資格、サービスケアアテンダント資格、文部科学省認定秘書技能検定１級（優秀賞受賞）、ビジネス文書検定１級、サービス接遇検定１級、ＥＱＪ公認プロファイラー資格。

編集	太田健作（verb）
イラスト	後藤亮平（BLOCKBUSTER）
カバーデザイン	掛川竜
デザイン・DTP	NO DESIGN

要点マスター！
就活マナー
....

著者	美土路雅子（YDサポート株式会社）
発行者	角竹輝紀
発行所	株式会社 マイナビ出版
	〒101-0003
	東京都千代田区一ツ橋2-6-3 一ツ橋ビル2F
	電話　0480-38-6872（注文専用ダイヤル）
	03-3556-2731（販売）
	03-3556-2735（編集）
	URL　https://book.mynavi.jp

印刷・製本	中央精版印刷株式会社

※定価はカバーに表示してあります。
※落丁本、乱丁本についてのお問い合わせは、TEL0480-38-6872（注文専用ダイヤル）、電子メール sas@mynavi.jp までお願いします。
※本書について質問等がございましたら、往復はがきまたは返信切手、返信用封筒を同封のうえ、㈱マイナビ出版編集第2部までお送りください。
　お電話でのご質問は受け付けておりません。
※本書を無断で複写・複製（コピー）することは著作権法上の例外を除いて禁じられています。